U0070432

奇蹟課程導讀系列（一）

# 創造奇蹟的課程

若水◎著

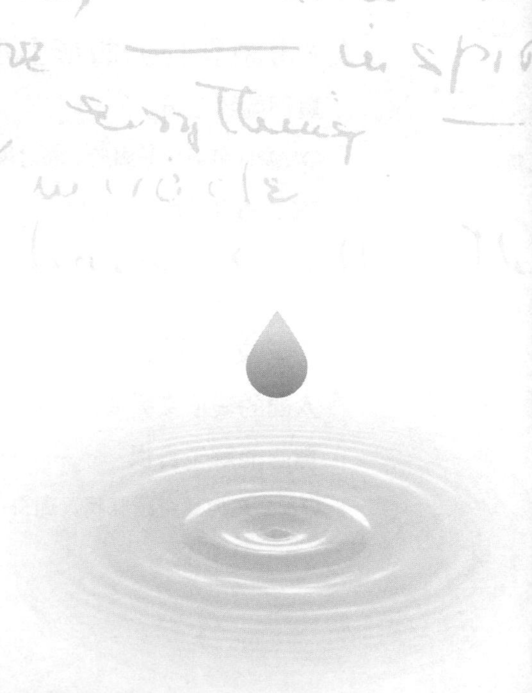

# 目 次

## 《奇蹟課程》 國際通用章節代碼

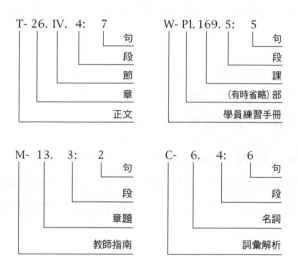

# 序

猶記得當年譯完《奇蹟課程》之後，我應「心靈平安基金會」之請，寫了一篇序文。沒隔兩天，就收到翻譯委員會威特森博士的電話，他劈頭就說：「我真不懂，為什麼你們這些譯者老愛向讀者道歉！」原來，為《奇蹟課程》的難讀而感到歉疚的還不只我這一位譯者呢！

美國讀者們聽說「心靈平安基金會」要將《奇蹟課程》翻譯成各國語言時，常打趣說：「什麼時候才會譯成英文啊？」可見它的艱深，連原文讀者都感到難以消受。

當然，只要耐下性子讀下去的人，都會為它的「一語道破」而拍案叫絕；讀到會心處，不禁反覆吟哦，甚至背誦下來。一旦讀懂了，便明白，唯有這種曲折的說法才足以襯托出人性的幽冥複雜，也正是這種古典詩體，使得這部經典如此耐讀。

然而，對於初入門的讀者，這層文字障可讓他們吃盡苦頭。不少知識份子想以自己的邏輯思考來梳理全書的含意，不久便迷失於它的三重否定或正反論證的文字叢林裡。因為《奇蹟課程》談論的純是心靈的滄桑史，並非針對我們的理性而說的。因此，只有「心」才可能聽得懂自己這一段「失樂園」的故事，也只有「心」才需要學習寬恕自己而重歸完整。

　　這一套「唯心」的修持理念，在眼見為憑的現實社會裡，難免會遭人誤解，以為寬恕不過是「原諒別人所做的對不起自己的事情」而已。其實《奇蹟課程》的寬恕，指的是一種足以透視人生假象的慧見，而非某種倫理行為的規範。它要傳給世人的，是一種新的「眼光」；唯有培養出這種慧眼，人們才可能學會為自己的際遇負起責任來。

　　讀者若不了解「寬恕」背後的那一套思想體系，常會被書中驚世駭俗的言論震懾住，而連聲抗議：「哪有這種說法的！」「我的問題豈是這幾句話就能解決的？」由是，「奇蹟課程中文網站」便在這番反問之下應運而生了。

　　這些年來，我透過網站逐步為讀者介紹了《奇蹟課程》的來龍去脈，另闢「導讀」專欄，解析「寬恕」的形上理念與心理治療的功能。至於具體應用於日常生活的問題，則留待「答客問」（Q&A）中，藉著讀者生活裡的疑難雜症，探討問題的癥結。此外，我還針對以佛教徒居多的華文讀者，把寬恕與佛法的修持做了一番連結，因為若要修「定」，不可能沒有寬恕的「前行」基礎。「寬恕」才是最好的「安心法門」。

　　《奇蹟課程》當初得以流行於西方，還得歸功於心理學界的推波助瀾，因此，我也簡略地介紹了《奇蹟課程》與心理治療結合的一些理念，它如何打破了心理學的瓶頸，將心理治療帶入靈性的領域。

# 上 篇

There must be another way！

海倫與比爾的攜手合作，

正象徵著《奇蹟課程》所說的「神聖的一刻」，

這神聖一刻為他們帶來了新的生命願景。

# 1 細說從頭

## 《奇蹟課程》的誕生

　　在燈紅酒綠的紐約市區，座落著名聞遐邇的哥倫比亞大學醫學中心，一群菁英知識份子，終日在醫院裡忙著向命運挑戰，回到辦公室裡又忙著明爭暗鬥。就在這最平凡、最庸俗的大樓一角，一部曠世奇書《奇蹟課程》默默地誕生了。

　　海倫‧舒曼（Helen Schucman）與威廉‧賽佛（William Thetford），都是心理學家。1957年，比爾（威廉的暱稱）先受聘為哥大心理學系主任，海倫晚了他幾個月進入哥大，幫比爾從事研究，兩人的個性可說是南轅北轍。在最初的七年共事中，他們的關係很不融洽，這是意料中的事，但在職業上他們頗能彼此配合。

　　他們當時面對的挑戰不只是彼此的關係，還有系裡其他教職員之間的衝突，與醫學中心其他科系的協調，以及與其他醫學機構的跨院合作問題。這些鬥爭是所有大型學府或醫院之間司空見慣的，哥倫比亞大學也不例外。

　　1965年春天的一個事件成了海倫與比爾一生的轉捩點。他們兩人準備好要去康乃爾醫學中心開例行的跨院合作會議，這類會議通常都是非常黑暗與醜陋的，充滿了鬥爭與暗算，海倫與比爾也一樣，不是批評這人，就是攻擊那人。但在這一天，就在他們動身去開會以前，個性一向沈默，不善表達的比爾突然一反常態，向海倫激動地大發高論，他認為「一定有更好的方式」來面對這些會議，處理提案與問題。他覺得他們應該多一點愛心，去接納別人，不該這樣明爭暗鬥地攻擊下去了。

　　海倫的答覆也一反她平素針鋒相對的口吻，竟然附和比爾的觀點，還進一步表示要幫他一起尋找這「更好的一條路」。他們事後回憶這一段對話，都很驚訝彼此異乎尋常的表態。他們的攜手合作正象徵著《奇蹟課程》所說的「神聖的一刻」，這神聖一刻為他們帶來了新的生命願景。他們當時並沒有意識到，這一刻的表態有如一個暗號，開啟了海倫日後一連串的異常經驗。海倫的異象（visions）不只出現於夢裡，下面幾個例子都是出現於她醒的時候。

　　我們若了解海倫的背景以及她當時的心態，便可看出此事的不尋常。她那時已經五十來歲，正以「無神論」的勇兵與信徒自居，其實她用這種方式來掩飾自己對宗教的反感，她始終覺得那個「神」虧待了她，有負她的期待。所以她長大後，對任何模稜兩可、曖昧不明、經不起分析測試評估及

研究的東西，一概嗤之以鼻。她是個十分稱職的「實驗心理學家」，具有很銳利的分析與推理能力，難以容忍任何缺乏邏輯或理性的事情。

其實海倫從小就有靈異的稟賦，常能看到別人看不見的東西，但她從不當作一回事，以為這是每個兒童必經的過程，沒有什麼好講的。等到這些靈異經驗再度出現於成年期時，她就無法視若無睹了，深恐自己神經錯亂。海倫承認，若非比爾在旁不斷的支持與鼓勵，她早就半途而廢了。

《奇蹟課程》雖是海倫記錄下來的，比爾的參與與協助卻有著舉足輕重的地位，沒有他，《奇蹟課程》是不可能完成的。這再次反映出《奇蹟課程》的基本精神：「救恩乃是一種聯袂的探索」、「和平的方舟必須成雙成對地進入」、「沒有人能夠獨自進入天堂」。若非他們兩人的同心合力，這部《課程》便不可能出現，我們此刻也就無緣接觸到這本曠世奇書了。

那次會議之後的暑假，海倫經驗到一連串不可思議的靈異景象，簡直像一齣連續劇，而且都是在她清醒的時候出現的，大部分都發生在晚飯之後的那一段時間。這齣連續劇的起頭是，她在無人的海灘上散步，看到沙灘上有一條小船，冥冥中她知道自己應該把船推到海裡去，但那船深深地陷在沙裡，她是絕對推不動的。這時有位陌生人突然出現在身邊，有意幫助她。海倫突然在船裡看到一具很古老的狀似收發

機之物，便對陌生人說：「也許這個東西能夠幫助我們。」
那人答道：「你還沒有學會用它，暫時別動它吧！」他便把
這艘小船推到海裡去。

　　一路上，不論她遇到什麼麻煩或風浪，這個人總會出現
來幫她，不久，她便認出那人竟是耶穌，可是他長得一點都
不像世人所熟悉的那個模樣。每當航程受阻時，他總會出現
，助她一臂之力。

　　在這部連續劇的最後，小船終於抵達目的地了，海倫划
入　條水道，水面非常平靜，船裡有根釣竿，魚線的尾端深
入海底，繫著一個財寶箱。海倫看到那財寶箱，興奮異常，
因她這一生的最愛，就是珠寶和漂亮的衣飾，她滿懷期待地
打開這寶箱，熱情頓時涼了下來，她只看到黑漆漆的一本大
書，其餘什麼都沒有。書背上寫著 Aesculapius，這是希臘
神話中掌管治療的神祇名字。海倫當時並不認識這個字，而
是好多年後，《奇蹟課程》記錄完畢，他們用博士論文的裝
訂方式，把打出來的稿紙加了黑邊裝訂成冊時，才恍然發現
，這正和她在寶箱裡所看到的那部書一模一樣。

　　她後來又看過這個寶箱一次，那次，寶箱上面多了一串
珍珠，環繞在箱上。幾天後，她夢見有隻狀似童話中送子的
白鸛鳥飛過一個村莊，它那狀似布袋的大嘴裡面啣著一本黑
色的書，封面上還有個金色十字架，她聽到一個聲音說：「
這是你的書。」那時《奇蹟課程》還沒有開始記錄，她不明

白這異象的含意。

　　海倫還有一個非常戲劇化的經驗：她看到自己走進一個洞穴，那個洞穴非常古老，地上擱著一本狀似古代聖經的羊皮卷軸。當海倫把書拿起來時，繫住這一卷軸的細繩子鬆開了，她把這卷軸攤開，卷軸的中央只有兩個大字「God Is」。她覺得這兩個字很有意思，然後繼續向兩邊推開，卷軸的左右兩方都出現了兩片空白，白紙上開始隱約浮現密密麻麻的小字，有個聲音對她說：「你若由卷軸的左邊看過去，你會看到過去所發生的一切，你若由卷軸的右邊看過去，你會看到將來發生的一切。」海倫答覆說：「我對那些都沒有興趣，我想要的就只有卷軸中間兩個字！」

　　海倫把卷軸重新捲起，只露出「God Is」。她聽到先前的聲音說：「謝謝，你終於做到了，謝謝你。」她頓時感到自己好似通過一場測試（顯然，以前她都沒有通過那考試），這一經驗表示她再也不會因為好奇或逞能而炫耀這一能力，她真正想要的，只是當下，那才是了解生命真相之處。

　　《奇蹟課程》的〈學員練習手冊〉中有一段話：「我們只能說：『上主本來如是（God is）。』然後便緘默不語，因任何言語在那真知之前，全失去了意義。」（W-169.5:4）這一段顯然呼應了海倫在那洞穴裡的經驗。

　　海倫和比爾還有一個難忘的經驗。他們兩人計畫一起去

拜訪明尼蘇達州 Rochester 城的 Mayo 醫療中心，打算花一天的時間去觀摩那裡的心理學家的評估程序。出發前的那個晚上，海倫腦海裡出現了一個非常清晰的畫面，是個教堂，起初她以為是天主教堂，後來才發現那是路德派的教堂。影像如此清晰，她很容易就把那教堂畫出來了。在她的異象裡，她是由上往下看到的，所以她很肯定自己和比爾會在飛機降落時看到那個教堂。

這件事對海倫十分重要，因她所見的異象的真假難辨，深恐自己的神經有問題，這個教堂的異象可以證實她究竟瘋了沒有。然而，飛機降落時，他們並沒有看到那座教堂，海倫頓時驚惶失措，比爾只好雇了一輛計程車，遍訪 Rochester 城內的每一座教堂，他們還記得，大約經過了二十六所教堂，就是沒有海倫畫出的那一座。海倫沮喪到了極點，由於天色已經晚了，他們只好放棄，回到旅館。

第二天的會議十分緊湊，會一開完，他們就動身返回紐約。在機場候機時，比爾順手在書攤前選了一本介紹 Rochester 這小城歷史的書，準備送給海倫的先生。比爾一向用心細膩，他知道海倫的先生喜歡這類書籍。當比爾隨手翻閱那本圖文並茂的書時，一眼就看到海倫所畫的那座教堂，原來 Mayo 醫療中心就是建在那座教堂的原址上。海倫所看到的是舊的時空中的教堂，難怪現在找不到了。這個發現讓海倫稍微心安一點，但故事到此還沒有結束。

　　海倫與比爾需要在芝加哥轉機，夜已深了，他們兩人都疲憊不堪。在機場，海倫看到對面的候機座位上坐著一位婦女，忙著料理自己的東西，海倫直覺到那個婦女有很深的苦惱，雖然外表上一點兒都看不出來。海倫一向是不隨便跟人搭訕的，這回她感到好似有股力量在催迫她去跟那位婦女講話。果然沒錯，那婦女當時確實心慌意亂到了極點，她剛剛逃離自己的先生與孩子，打算到素昧平生的紐約去謀生，身上只有三百多元，她得靠這一點現金在紐約安身。她當時最慌的還不是因為這個，原來這是她第一次搭飛機，心裡怕得要死，不知如何是好。海倫親切地安撫她，並介紹給比爾。登機後，他們把那婦女安排在他們中間，一路陪她閒聊。海倫聽到一股內在的聲音說：「這才是我的教會。」海倫明白它所指的教會不是一棟建築，而是他們之間的彼此照顧。

　　他們一起抵達紐約後，海倫與比爾一起把這位新朋友安頓在一家旅館裡。說也奇怪，隨後的幾天，他們竟然好幾次在紐約這麼大的城市內不期而遇，海倫還請她吃過一兩次飯。那位婦女後來總算回到她原來的家，而且始終與海倫保持密切聯繫。

　　海倫的這一經歷傳遞了一個很深的訊息：通靈能力本身無足輕重，重要的是它帶給人的心靈上的效果，也就是人與人之間相互的照顧與支持。

　　10月中旬的某一天，海倫對比爾說：「我覺得我不久可能會做出某種意想不到的事情。」比爾無法預測可能會發生什麼事，只建議她準備筆記本，隨時記下她所想到、看到或夢到的事情。比爾這一提議為我們後人保留了許多珍貴的史料。

　　幾個星期過去了，一晚，她開始聽到一個聲音對她說：「這是奇蹟課程，請記錄下來。」她頓時驚惶失措，歇斯底里地打電話給比爾：「那聲音一直重複這一句話，我該怎麼辦？」比爾的答覆讓我們後世的人感謝不已：

　　「你就按那聲音的吩咐去做看看，不就好了嗎？」
　　海倫仍不放心地問：「萬一那只是一派胡言呢？」
　　「我們就把它撕掉，沒有人會知道這件事情的。」
　　「你保證不會跟別人講？」
　　「我保證。」

　　海倫拿起筆記本，以速記的方式寫下《奇蹟課程》的第一句話：「這是（闡釋）奇蹟的課程。」然後就是第一節的標題「奇蹟凡例」：奇蹟沒有難易之分……等等五十條奇蹟凡例。海倫愈寫愈恐慌，「那聲音」還要繼續，海倫已經驚惶到了極點，看都不敢看，合起筆記本，丟到公事包裡，就躲到床上去了。

　　第二天，比爾提前一小時來到辦公室，看到海倫已經在那兒來回踱方步了。他要海倫唸出昨晚速記下來的資料，他

替她打字出來。當他們讀了筆錄的內容,不禁面面相覷,比爾與海倫共事多年,知道她是寫不出這種東西的。不論比爾怎麼勸,海倫決定終止這個荒謬的事件,但她制止不了那「聲音」的出現。當天下午,她在辦公室剛掛掉電話,那「聲音」又出現了,她跳起來,衝到比爾的辦公室語無倫次地嚷著,比爾不斷安撫她,叫她先記錄下來,以後再處理。

　　《奇蹟課程》的書記工程就這樣開始了,比爾每天提前到辦公室幫她打字出來,前後進行了七年之久。海倫雖然非常清楚自己筆錄的內容,卻始終抗拒,不肯去讀它,倒是比爾愈仔細地閱讀,心中愈是不安,因他知道「如果這些話都是真的,那麼我這一輩子的人生信念與行事原則都被推翻了。」

　　海倫所經驗到的聲音,有點兒像是由內在發出的錄音機,她隨時可以把那聲音打開或關掉,只是她無法關閉太久,否則她自己會感到不安。那聲音傳達得很快,海倫由於學過速記,倒沒有什麼困難。她是在神智完全清明的狀態下進行的,並無一般人想像中靈魂出竅的現象,故它與所謂的「自動書寫」不太一樣。當她筆錄時,辦公室的電話響起,她能放下手中的筆,去接電話,處理完公事,再回到剛才停筆的地方,一字不差地接下去,實在不可思議。我們知道《奇蹟課程》全文是以不押韻的十四行詩體寫出的,每一句都按照五音抑揚格的節拍,而海倫的筆錄竟能隨時打斷,無須重溫前句,就能繼續寫下去,不會錯失一個節拍。

　　最讓海倫坐立不安的，乃是「那聲音」竟然表示他是耶穌，這讓她覺得荒謬到了極點，因為她是猶太人，對耶穌這兩個字一向沒有什麼好感。《奇蹟課程》絕大部分都是以第一人稱寫出的，好幾次談起自己被釘十字架的事件。「那聲音」雖然毫不曖昧地表達出自己的真實身分，但也說得很清楚，並不一定要相信他，也能由此書獲益，只是閱讀時，腦子得轉好幾個彎，才迴避得開他。《奇蹟課程》的第三部〈教師指南〉中的〈詞彙解析〉裡也說過，我們無須接納耶穌的角色，仍然能夠操練書中的三百六十五課練習。但我們若不再忌諱他，能寬恕歷史把他塑造出來的形象的話，他才能傾力相助。

　　「那聲音」的真實身分帶給海倫很大的困擾與恐慌，這個非比尋常的使命與經歷，對她而言，並不是一件好事或樂事，她只是冥冥中感到這是她「份內之事」而已。她常常一邊做，一邊怨，有回還向「那聲音」發飆：「為什麼選我？為什麼不去選一位有聖德的修女那一類的？我是全世界最不配做這事的人！」她所得到的答覆竟然是：「我不知道你為什麼會這麼說，你不是正在做嗎？」她被駁得啞口無言，她確實很認命地在做。雖然她不知道為什麼，其實她是最合適的人選。

　　海倫每天都在筆記本上筆錄幾段《奇蹟課程》的內容，第二天，設法在他們兩人忙碌的時間表中抽出空檔，把昨晚記下的內容念給比爾聽，比爾邊聽邊把它打字出來。比爾

事後形容當時的狀況說，他通常只能用一隻手打字，另一隻手還得攙著海倫的肩膀，連哄帶勸地安撫她的情緒，否則海倫連自己的筆錄都念不下去，她始終抗拒著自己所記錄的內容。他們這樣合作了七年，才把全書完成。

筆錄的過程雖然毫不費心，但海倫的心裡卻充滿了掙扎與衝突。比爾反而比較能夠接受此事。海倫寫道：

> 這事讓我寢食難安，可是我從未真正想過半途而廢，它好似是我冥冥中答應過要完成的任務。它確實成了我與比爾的聯袂探奇，我相信它的真正意義也在於此。我無法解釋、更無法自圓其說我心中的矛盾：我一邊公開承認自己是不可知論者，抗拒自己筆錄的資料，而且常身不由己地批判，想盡辦法挑它的毛病。在這同時，我卻甘於投入這麼多的時間來記錄這些資料，然後唸給比爾打字，這顯示我對此事的認真，我有時甚至會把它視為自己此生最大的成就。也許真的如比爾所說，就憑我這樣激烈地與它爭辯、抬槓，表示我暗地裡是相信它的。果真如此，它對我並沒有太大的幫助。我的處境實在荒謬，竟然無法信賴自己一生的工作成果，我常為此感到好苦。

　　《奇蹟課程》包括了三部書：〈正文〉、〈學員練習手冊〉與〈教師指南〉。〈正文〉是最難閱讀的一部，卻是整個課程的中心思想所在；〈學員練習手冊〉則包含了三百六十五課，一天一課，正好構成一整年的教材，把〈正文〉的基本原則應用於日常生活中；〈教師指南〉雖然輕薄短小，卻可說是全書精神的一個綱要，它以問答的方式澄清了一些讀者可能產生的疑慮，是三部書中比較容易閱讀的一部。

　　最後一篇〈詞彙解析〉有點兒像〈教師指南〉的附錄，那是在全書完成好幾年以後才應海倫的要求而補充上去的。它把書中的專有名詞做了一番新的界定，其中不乏精粹而美妙的詞句。但除非讀者先對全書有了些概念，只讀〈詞彙解析〉，是不足以體會它深湛的內涵的。

　　海倫與比爾盡量不做任何修改，全書最主要的編輯痕跡便是制訂段落與章節，原文是沒有標點符號與段落的。海倫與比爾把〈正文〉的結構作了一番初步的整理，不久，另一位心理學家肯尼斯・霍布尼克（Dr. Kenneth Wapnick，以後簡稱肯恩）參加了他們的編輯工作。他和海倫再度把整個文稿逐字逐句地校訂了一遍，所有的標題與段落都出自他們二人之手。

　　〈學員練習手冊〉既是一課一課進行的，〈教師指南〉又以問答的方式呈現，故無需太多的編輯。即使是長篇大論的〈正文〉，由於條理分明，故在分章斷句時，並不困難。

海倫與肯恩在「那聲音」的指引下，力求保持全書的原貌。

　　全書只有〈正文〉的最初四章會給讀者文意不連貫的感覺，那是因為「那聲音」在傳授課程之初，花了相當長久的時間與篇幅開導海倫與比爾，答覆他們生活以及工作上的私人問題，準備他們的心靈，好進行這份使命。由於海倫與比爾都是資深的心理學家，所以「那聲音」用了很長的篇幅，與他們討論佛洛伊德以及其他心理學家的學說，幫他們把自己所學的一套與《奇蹟課程》所傳的訊息連接起來。故《奇蹟課程》的前幾章裡面夾雜了許多原為答覆海倫與比爾私人問題的資料，後來整理時，「那聲音」吩咐海倫與比爾刪除那些資料，其原因顯而易見，因為它們與課程的中心思想沒有太大的關聯。當這一大節資料被抽取掉了以後，全文自然給人不太連貫的感覺。海倫與肯恩在盡量不更動原意的原則下，加了幾個轉折的句子，讀起來，才不致感到過於突兀。

　　根據肯恩的觀察，前面幾章文字上也比較生硬艱澀，這很可能和海倫開始記錄時內心充滿了抗拒與恐懼有關。海倫與肯恩後來盡最大的努力去通順前面四章的上下文，但為了忠於原稿，他們的潤飾依舊十分有限。

　　例如：我們發現《奇蹟課程》在前面幾章很少提到「聖靈」，海倫很害怕聽到這個名稱，所以「那聲音」為了將就她，把聖靈稱為「天眼」（Spiritual eye），直到海倫不再抗拒這名稱時，「那聲音」才吩咐她把所有的「天眼」改回

「聖靈」。另一個類似的情況，在最初幾章也很少提到「基督」，這兩字到後來才慢慢出現。根據海倫的自述，她大約記錄了一兩個月以後，心情才慢慢平靜下來，所以從第五章開始，幾乎找不出什麼問題，原稿與定稿幾乎一致。

另一添加的部分，便是英文的大寫字。海倫總想把所有跟「神」扯上一點關係的字都用大寫的方式來表達，但排版時顯得相當突兀。肯恩為此事傷透腦筋，不斷與海倫磋商，究竟有哪些必須大寫，哪些則不必要。其實只有一小部分，「那聲音」堅持大寫，好讓讀者明瞭這名詞屬於絕對境界，不可層次混淆。

海倫是個天生的編輯人才，他們醫學院的研究刊物都是由她負責，她常身不由己地修改別人報告裡的詞句，才能滿足她在古典英文上的素養與風格。「那聲音」常提醒她留意這一毛病，而她也十分勉力地自我克制，凡是認識海倫個性的人都知道，這對她是一件非常不容易的事。有幾次，她自作主張地改動了幾個字，繼續寫了兩三百頁以後，同樣的詞句再度出現，她才明白當初作者選用那一名詞的用心。還好，她有驚人的記憶，記得非常清楚以前她自作主張改變之處，便老老實實地回頭重新更正過來。

《奇蹟課程》的問世過程也充滿了戲劇性。全書一直到1972年秋天才記錄完畢，肯恩便在同年的冬天出現了。他認識的一位牧師朋友，正在那兒攻讀心理學學位，而海倫與

比爾正是這牧師的指導教授。肯恩那時正準備去以色列朝聖，在他動身以前，他的牧師朋友堅持要把海倫與比爾介紹給肯恩。他們終於會面了，在閒聊中，他們只稍微提到海倫「寫」了一本靈修書籍，絲毫未提那書的內容以及它的來源。

　　根據肯恩的回憶，他們聚在比爾的公寓裡，比爾還指給他看牆角書架上高高一疊七本論文模樣的奇蹟原稿。那時肯恩打算輕裝上路，不準備扛太多的書籍。當晚，他繼續到那牧師家聊天，那牧師甚至願意將他手中的一份影印本借給他看。但肯恩心中另有計畫，他準備探訪了自己的祖國以色列之後，就返回美國加入天主教修道院。他只感到機緣不巧，便婉拒了牧師的好意。

　　到了以色列，肯恩借住在修道院的那段時間，那本書在他腦子裡揮之不去，於是他寫了一封信給海倫，說他返美時很想看看她的那本書。事後海倫告訴肯恩，他在信中提到那本書時，是用大寫的Book，肯恩當時絲毫沒有意識到這一點，因他寫文章很少用「大寫」來強調語氣。

　　肯恩在以色列時，一直感覺到那本書有很重要的訊息要傳給他，他1973年春天返回美國，想按照原計畫，和家人親友相聚一段時日以後，就要正式進入修道院。但心中仍惦記著那本書，所以專程去拜訪了海倫與比爾一趟。當肯恩一讀了那書，立即取消了所有的計畫，決定留在紐約研究《奇蹟課程》。

　　身為心理學家的肯恩，當時覺得這本書把心理學與靈修做了最完美的整合。在那以前，肯恩從未意識到自己的靈性追尋缺少了什麼，直到讀了《奇蹟課程》，他頓時明白這才是他所要尋求的，因而也很自然地獻出這一生，為此書而服務。

　　《奇蹟課程》經過二十餘年的傳播，吸引了上萬熱忱的讀者，肯恩卻常擔心人們會把這本書偶像化，他不斷提醒讀者，在〈教師指南〉裡說得很清楚，它不是「唯一」的得救途徑，它只是人間千百種課程或法門中的一種而已，《奇蹟課程》絕不是普救人間所有眾生的萬靈丹，人間沒有一樣東西能夠適用於一切人的，當我們推薦此書時，應該有此意識才行。

　　對於無法接受此書的人，聖靈自會幫他們開啟其他的路。它絕不願意看到任何讀者因為讀不下此書而自認為根器不好而自責自卑的。《奇蹟課程》來到人間的目的，就是幫人化解隱藏在心靈深處的內疚。至於那些感到此書「深獲我心」的讀者，這確實是一生也讀不盡的一本靈修寶典。

　　即使是有心深入的讀者，都會在某一階段或某一時刻感受到極大的抗拒。肯恩常說，如果讀者在學習過程中不曾經驗過一段恨不得把書丟到窗外或馬桶裡的話，這人很可能根本沒有讀懂這個課程。等下文開始解釋全書的要旨時，讀者便不難明瞭其中的原因。《奇蹟課程》幾乎推翻了我們所相信的一切，這是人們最難接受的，不論我們舊有的信念是對是錯，是正面的或負面的，畢竟代表了自己所擁有的一切，

自然會為它辯護到底，即使它帶給我們極大的痛苦，我們也不會輕易低頭認錯的。《奇蹟課程》有一句話：**「你寧願自己是對的，還是寧願自己幸福？」**大多數人都寧願放棄平安快樂，也要證明自己是對的。《奇蹟課程》把小我的愚昧與錯誤描寫得如此露骨，讀得令人心痛，一向習慣站在小我陣容裡的我們，也難免會被刺傷而為小我爭辯到底。總之，我們可以這樣說，如果讀者一次都沒有感到對此書的厭惡、排斥或抗拒，他的讀法很可能有問題。

＊

　　《奇蹟課程》完成時，只有幾個人知道此事。海倫與比爾把這書當成他們之間「不可告人之秘」，連對自己的家人、朋友或同事都守口如瓶。一切似乎都有冥冥的安排，在開始筆錄以前，正好哥大醫學中心的新大樓落成，所有教職員都設法爭取最好的辦公地點，最後只好把主任比爾與他的研究助理海倫擠到樓上一個偏僻的角落，使比爾與海倫日後得以在極其忙碌的例行工作下，還能不受干擾地完成了這一鉅大的筆錄工程，周邊竟然沒有一個同事看出異樣。

　　當肯恩出現，花了整整一年的時間幫海倫把原稿分章斷句地校訂了一遍，大約在1974年底或1975年初，《奇蹟課程》總算殺青。下一步是什麼？他們毫無概念，依舊把它束之高閣，但至少他們知道「書」已經完成了。

　　1975年的春天，突然冒出來一個人，那就是茱麗（Judy Skutch），也就是今日「心靈平安基金會」的負責人。《奇蹟課程》透過交遊廣闊的茱麗，慢慢走出了它藏身將近十年的書房一角。

　　茱麗是位「超心靈」學家，那時她個人的生活也陷入了瓶頸，正在尋找一個出路。有一天，她和一位頗具盛名的通靈者Douglas Dean去見比爾，希望他的學院能與她的基金會合作研究，那天下午，他們在學校餐廳會面，怎麼談也談不攏，茱麗看出合作無望，準備打退堂鼓了，當他們一起步出餐廳時，茱麗突然對海倫講出一句她自己都不明白的話：「你能聽到『聲音』是吧？」海倫楞了一會兒，直覺地搪塞過去：「我不明白你的意思。」比爾當下感到其中大有玄機，建議大家到他們的辦公室去談。在那兒，海倫向茱麗透露了《奇蹟課程》這一回事。

　　根據肯恩的描述，自從茱麗一出現，《奇蹟課程》就好像長了翅膀，由他們三人手中飛到了茱麗那裡，於是一個機緣接著一個機緣，一個奇蹟接著奇蹟，這套靈修資料很快就打算出版了。海倫、比爾與肯恩知道出版不是他們的事，他們只對此書的內容負責，因此欣然樂見《奇蹟課程》深得其人，把出版的事宜全都交給茱麗負責。

　　1975年海倫得到了指示，吩咐茱麗去註冊版權，茱麗問說：「為什麼這樣的靈修書籍還要註冊版權？」海倫答道

：「這是他交代的。」大家都知道「他」是指那自稱為耶穌的「聲音」。

那年暑假，他們以照相的方式，前後複印了三百本，轉眼就被訂購一空，成為第一版《奇蹟課程》。他們知道，正式出書勢在必行，海倫、比爾、肯恩與茱麗聚在一起祈求指引，他們得到的答覆是：此書該由純粹致力於此書的非營利機構出版。如此一來，傳統的出版管道便不在考慮之內了，唯有組織基金會自行出版，然而，經濟來源呢？在這四個人中，唯有茱麗得到答覆：「先發願心再說。」（Make a commitment first）茱麗了解自己可能是受託之人，便決心盡畢生之力為此書服務。

第二天，茱麗收到墨西哥一位美籍地主的電話，不知他由何處得到《奇蹟課程》的影印本，自稱聽到內心的指示，願意賣掉一棟莊園，助印五千本《奇蹟課程》。就這樣，《奇蹟課程》於1976年6月以書本的方式正式問世，此後始終都透過口耳相傳及郵購管道流通，就已經再版了五十刷，出售了百萬餘本。

這些年來，負責出版的「心靈平安基金會」與負責解說的「奇蹟課程基金會」一向保持低調，不願把這心靈的課程演變為某一宗教或全球運動，更無意建立教會。他們一再強調，《奇蹟課程》只是一套靈修理論，供有緣的讀者自行修持而已，他們竭力避免形成一個中央集權的宗教機構，只鼓

勵讀者們自行組織讀書會，相互切磋支持。如今已經登記的讀書會約有兩千多個，遍佈全球；尚未登記的，更不計其數，台灣新興的讀書會即是一例。

　　海倫在世時，各地讀者慕名來訪，名副其實地「坐在她的腳下」聽她講解，海倫見狀，立刻厲聲對腳邊人說：get up！她極力避免成為《奇蹟課程》的核心，因為她知道真正的核心是「那聲音」，不論稱它為耶穌或聖靈或較高自我（higher Self），應該讓它與讀者自行互動，並不需要一個明師、教會或組織夾在中間作為中介。

　　海倫於1977年由醫學中心退休，於1981年2月9日逝世於紐約。比爾則於1980年退休，於1988年7月4日拜訪「心靈平安基金會」時，逝世於諦伯朗。《奇蹟課程》便交由兩大基金會繼續傳播出去。那批開創人士秉著與我們一樣的學生身分為此書服務，卻沒有一人有意充當師父，他們的職責只是盡其所能正確且中肯地把《奇蹟課程》的主旨與精神表達出來，讓讀者有足夠的資訊能夠評估一下，這本書對他們是否會有幫助，如此而已。

我的弟兄，重新作個選擇吧！
每個正確的選擇都有化解過去錯誤的能力，
同時也撤去了因果的束縛力。

# 2
# 《奇蹟課程》概說

## 它不是哪一類的書

　　新時代的朋友在樂觀、光明、寬容、自信的氣氛中悠遊了一陣子，以為已準備好接受《奇蹟課程》的挑戰了，還熱切地期待它為自己耕耘了多年的心靈園地增添一些景觀或絢爛的色彩，誰知《奇蹟課程》所帶來的不只是某種奇花異卉，而是整套的景觀設計，且似來自另一星球，自成一格，令人一時不知如何移花接木，融入自家的庭院。打開第一課的練習「我所看到的一切，不具任何意義」，更是怵目驚心。

　　《奇蹟課程》中許多觀點對新時代人士並不陌生，但它所提的釜底抽薪之道卻令人卻步，若真把奇蹟理念應用於生活中的話，我們處心積慮想要維護的小我以及精心打造出來的「美麗新世界」，立刻失去了立足之地，小我怎能不誓死抗拒？

　　於是人們很「自然」地設法斷章取義，為它改裝一下，軟化它的口氣，沖淡它的衝擊。難怪肯恩說，**他們花在解釋《奇蹟課程》「不是」什麼樣的書的精力大於解釋它究竟「**

是」怎樣的書上。因此若要了解此書的特質，我們最好先澄清一下它「不是」什麼。

❖ 它不是基督真理教的經典，因它對真神、人類生命以及世界的定義，與傳統神學截然不同。

❖ 它不是一個新興宗教，因它避免救主式的核心領導，也不設置神職或教師鑑定制度。

❖ 它不是新時代「心想事成」的勵志書籍，因它毫不留情地揭露小我的陰暗面，催促人們正視自己心內抗拒愛與平安的種種障礙。

❖ 它不是來自外星球的預言書，因它主張一切靈異現象都是心靈製造出來的，不論來自哪一重天或哪個星系，都是果而非因，是末而非本，唯有轉變心念才是化解災難，回歸本家之道。

❖ 它不是提供祕訣或捷徑的how to書籍，因心靈的轉變乃是一生的課題，沒有捷徑可循。

　　《奇蹟課程》絕非藥到病除的萬靈丹，它只是幫人看清我們「作繭自縛」、「咎由自取」的無情真相。耶穌也好，其他星球的高靈也好，是不會越俎代庖解除我們繫在自己身上的結的。那些神聖而超越的存在不過是喚醒我們心靈深處永不磨滅的愛，隨時鼓勵我們：「我的弟兄，重新作個選擇吧！」每個正確的選擇都有化解過去錯誤的能力，同時也撤

去了因果的束縛力。

　　這本書可說是顛覆了我們現有的一切信念，把整個世界的責任丟回我們的手中，它訓練我們在每個起心動念之際作出起死回生的選擇，也就是小我與真我，幻相與實相的對決。

　　在這一條靈修路上，我們最大的安慰即是來自於彼岸的保證，我們終將獲勝，雖然這一段路，還需我們自己去走，但我們絕不孤單，而且我們也無需解決人生的疑難雜症，只需一顆寬恕的心，便足以擺脫羈絆而踏上歸家之路。

　　許多人被書名上的「奇蹟」兩字誤導，寄望此書能帶來神奇的速效，真正讀進去的人才會知道，這書的要求極高，必須投入極大的心力才可能扭轉乾坤。然而《奇蹟課程》已經盡量用溫言軟語為我們打氣了，還將這一部課程編了三百六十五課的〈學員練習手冊〉，設法把這一趟陡峭的心靈旅程拉長距離，降低坡度，好使這「重生」的經歷成為「無痛分娩」。

　　《奇蹟課程》如此赤裸地揭發小我在人間所玩弄的伎倆，幾乎推翻了世人奉行不渝的每個價值觀，不論它措辭多麼委婉，看懂的人仍會不寒而慄，甚至怒不可當。我們常在研習會中聽到一些讀者分享他們曾氣得把書砸到牆上、丟到河中，甚至摔進壁爐裡的經驗。奇怪的是，不久總會發生一些事件，讓他們看清自己確如書中所描述的心態，只是不甘心

承認而已。肯恩也曾說：「每當一些初入門的讀者告訴我，《奇蹟課程》帶給他多大的喜悅時，我心中忍不住會想：『他一定沒讀懂。』」

由於《奇蹟課程》所切入的深度，它一時可能難以成為雅俗共賞的流行書，當今絕大多數的人們還沈迷在怪力亂神之中，冀望在自心之外尋求捷徑，仰賴鬼神、高靈、外星人或上師的提拔與加持。當人們玩遍這些兒戲，卻仍難化解人間的苦難時，自會回頭尋求治本之道的。

《奇蹟課程》基本上是為二十一世紀的人類而寫的，它靜靜等候人類心智與根器的成熟。

# 它究竟是哪一類的書

　　《奇蹟課程》是一部旨在治癒人類心靈的靈修書籍，它懷著救世神醫的心態，為人類的病情把脈，加以診斷，而後提出藥方。

　　當今世上，放眼望去，盡是形形色色的苦難，不論由哪一個角度，哪一個層面看去，都是令人不知從何下手的沈痾，顧此失彼，應接不暇。

　　應知，人類的痛苦不是來自我們所認為的「人與人」、「人與自然」或「人與神」的鬥爭，而是人在心理與自己一刻不止的鬥爭：小我與大我，真我與假我，今日之我與明日之我，夢中的我與現實的我的衝突，耗盡我們的元氣，破壞了維繫我們生命的免疫系統，構成生理與心理的病變。

　　人類的病情症狀雖然複雜多變，但病根卻是同一個，故只需一個藥方。《奇蹟課程》不再受世間表象的蒙蔽，直搗人類問題的核心。由眼前的戰爭、饑荒、絕症、心靈空虛，一直推溯到人類背棄自然與天理而陷於失根狀態，**其實都是**

同一個問題，因此也只需要一個解答，若能抓出最初的肇因
，一切問題便能迎刃而解。

　　《奇蹟課程》的理念部分雖然抽象無比，課程的設計卻
是基於實用的考量，它針對這「唯一」問題所提出的藥方，
必須能夠應用於生活的每一個層面才行。它的解答之所以「
顯得」抽象，乃是因為我們的病因，不在於某個人、某件事
或某種細菌，而是出自抽象的心理層面，才會使得這帖「心
藥」乍看之下好似與我們此刻感受到的痛苦風馬牛不相及。
然若能按照書中的指示，具體用到生活中，我們便不難由自
己的抗拒與不安的反應而知道它擊中要害了。

　　《奇蹟課程》不屬於任何宗教，也無意傳播任何信仰或
教義，它只是針對人類普遍的問題提出一個解決的方案而已
。它的答覆在當今靈修傳統間獨樹一幟，難以歸類，我們只
能在此列舉它的一些特質與功能而已。

## 教育性質

　　這一部書名為「課程」，顯然有意借用教育的模式來傳
達訊息，它絕不是消遣性的勵志書籍，也不是供人翻閱的參
考書籍，它擺足了正規教育教科書的姿態，而且還是必修的
科目。它先在<正文>中提出抽象的理念，讓學生讀得似懂非
懂；然後提出三百六十五課的練習，要學生具體操練，去體

會前面課文的主旨與精神；還編了一部〈教師指南〉，答覆一些常見的疑難，好像在幫學生做綜合複習，準備應考似的。

　　它對人類一視同仁，待之如學生，而且是蒙昧無知的小學生。它幫我們揭發心中隱藏的錯誤信念，並讓我們親眼看到這些信念所帶來的不幸後果，希望我們看清這一真相而自動放棄舊有的一套，開始嘗試它的新理念。

　　這兩套理念必然背道而馳，若還想腳踏兩條船，或用舊瓶裝新酒的話，不僅無法收到學習的效果，還會引起內心更大的衝突。因此它說：

　　　要學習這一課程，你必須自願去質疑自己所珍
　　　惜的每一個價值觀。（T-24.Intro.2:1）

## 心理治療的功能

　　《奇蹟課程》的進行方式是非常心理學的，它把人類的毛病全都歸根於心理的疾病，而心病只能用心藥來醫，整部〈學員練習手冊〉基本上就是一套心理輔導自修教材。《奇蹟課程》沿襲佛洛伊德學派的基本觀點，認為我們所能意識到的範圍，有如冰山的一個角角而已，整個心識絕大部分都埋藏在潛意識的海洋裡。在潛意識裡洶湧作怪的元兇，乃是與生俱來的內疚與自我憎恨，支使著我們身不由己地做出許多令自己懊惱悔恨的事情。

　　《奇蹟課程》一針見血地指出：人類心理最大的動力不是愛，而是內疚；世界運作的最大動力不是希望，而是恐懼。在此同時，它卻能一反佛洛伊德對人性的悲觀，在那陰暗可怕的潛意識下面，為我們指出更深的光明本性。它不生不滅，永遠神聖純潔，也永遠與其他生命緊密聯繫著，那才是我們的真實面目，也是我們「已經」得救的保證。

　　它用寬恕的方法幫助我們清除過去的陰影，擺脫潛意識的控制，活出真實的我來。

> 本課程則是為了開啟這光明之道而來，它一步
> 一步引導我們回歸自以為失去了的永恆自性。
> （W-Review.V.Intro.5:4）

## 淨化基督教信仰

　　初讀《奇蹟課程》的人很少不會誤以為這是一部基督教的書籍。滿紙上主、聖靈、救贖、奇蹟的字眼，還不時引用聖經的經句，更荒唐的是，傳遞訊息的人竟然暗示自己是曾經出現過人間的耶穌，再次向二十一世紀的人類傳遞進一步的訊息。

　　《奇蹟課程》雖然延續了基督教的創造觀，同意人類錯誤地運用了抉擇的能力，自行與生命根源決裂，營造出這一荒謬而痛苦的世界。但它對這一神學下面的含意卻賦予截然不同的意義。

　　它強調那個錯誤的抉擇並沒有改變我們的本來真相，我們只是陷入了自己編出的天人分裂的噩夢而已。因此稱不上什麼滔天大罪，也無贖罪的必要，更沒有憤怒的神明在後面向我們討債。

　　問題全在於我們卻不敢相信這一福音，懷著更深的內疚逃到贖罪的夢裡，任由心內的憤怒與恐懼在夢中投射出一個好似在受天譴報應的世界，而我們終日在那兒苟延殘喘，為生存而奮鬥。

　　由此可見，《奇蹟課程》雖沿用了基督教的術語，卻發展出自己的一套神學，設法解除信徒的罪惡感，重申我們「仍是造物主的完美創造」，鼓勵我們由這一信念重新出發。

## 發揚「一體不二」的東方玄學

　　上述與基督教傳統神學分道揚鑣的觀點，聽在我們東方人的耳朵中，顯得特別熟悉而且親切，因為那正是東方宗教傳誦了數千年的宇宙人生觀。例如：

❖　人生如夢幻泡影。一切有形可見的現象、彼此分離的個體、歷史時空的存在，以及世間的成敗與生死等等，全都是一場空虛的幻境。

❖ 三千大千世界中的紛紜萬象，只是我們的妄心投射
　出來的幻境，原本來自同一個靈性，一體不分。唯
　有這個永恆不滅的唯一心靈，才是自己的真實面目。

❖ 人類不是為了世界而存在，世界才是為了人類而存
　在的。它本身沒有自己的存在意義，純粹是供我們
　尋回「本來面目」的修練道場而已。故不論外界發
　生任何事情，解決之道唯有回到自心，由內化解才
　行。

❖ 一切幻相既然來自妄作，而真實的我們也不曾失落
　或污染，所以我們無事可修，只需停止妄作。這種
　「無為」，不是無所作為，而是徹底的放下與交託
　，撤除自己所執著的判斷與過去（《奇蹟課程》稱
　之為寬恕），這才是化解人類痛苦的秘訣。

## 集大成而創新局

　　《奇蹟課程》以自成一家之言的「寬恕」理念，貫穿了
東西方的靈修傳承，構成這部既熟悉又有創意的現代思想體
系。

　　這本長達千餘頁的鉅著，竟能把種種對立的形式與風格
融於一爐：它嚴格地遵循三段論證的邏輯格式，卻用莎士比
亞式的詩體表達出來；它極盡抽象之能事，所討論的卻是我
們日常的經驗與心態；它解說真相時鐵口直斷、不留餘地，

卻賦予我們完全自由的選擇空間；它毫不留情地揭發小我的
黑暗與瘋狂，卻對我們最後的凱旋抱以絕對的信心。

　　它硬說軟勸地想把我們由過去的噩夢中引領出來，回到
當下；一步一步教我們如何利用生活的每一個際遇，重做選
擇。**既然我們從未失去任何真實的東西，彌補的心就可以放
下了。既然我們不虧欠任何罪債，內疚的心也可以放下來。**
當自衛與攻擊的心態都放下了，過去的妄境失去了妄念的支
撐，對我們的操控能力便逐漸減弱了。我們便可在一剎那的
靈明中做出當下最好的選擇。

　　不再追求天堂，也不希冀涅槃，只需清清明明、踏踏實
實地活於當下，只為眼前的這一刻負責，奇蹟便在眼前出現
了。

凡是真實的，不受任何威脅；

凡是不真實的，根本就不存在。

# 3
# 《奇蹟課程》的形上理念

## 真假虛實之分

　　《奇蹟課程》雖以三百六十五課的實修課程而膾炙人口，但整部課程卻是建立於一套極其抽象的「實相」觀念之上。若不了解它的形上理念，是很難了解此書所要傳達的真正訊息的。

　　全書的主旨在導言中被綜合為兩句話：

　　凡是真實的，不受任何威脅；
　　凡是不真實的，根本就不存在。
　　（T-Intro.2:2～3）

　　它開宗明義即把「何者為真」與「何者為幻」做了一個分野，全書的目的不過是引導我們走出虛幻的夢境，邁向生命的實相。人生大夢既然充滿了無常變化、內疚及痛苦，而生命的實相原是愛與平安，故由夢中覺醒，其實就是讓人離苦得樂的解脫之道。

## 遺忘的歌曲

我們可曾覺得驚訝，人類自無量劫以來流盡血淚、受盡辛酸，仍痴心憧憬著圓滿無憾的幸福；我們雖已習慣了功利互惠式的人情，仍不死心地在人間搜尋無條件的真愛；不論我們如何說服自己接受人生的無常，我們仍然抗拒「失落」，期盼「永恆不變」。這種與現實經驗完全相反的嚮往之心，究竟是從哪兒來的？我們在這脆弱的肉體內經驗不到，在無情又無常的世間也看不到，那麼，我們從哪兒得來的信念，讓自己鍥而不捨地追尋那合一、永恆以及真愛的境界？

只因那正是我們的本來面目或存在真相，《奇蹟課程》不過是幫我們撥開現實世界的煙幕，喚醒這個依稀猶存的記憶。由於它是針對西方基督教文明而傳遞下來的訊息，故把那終極的實相冠上了基督教的名稱，God 或 Heaven。

> 上主的本質就是這個一體性。祂的本體涵括了一切。祂就是心靈所擁有的一切。我們只能說：「上主本來如是。」然後便緘默不語，因任何言語在那真知之前全失去了意義。
>
> （W-169.5:1~4）

這一描述立刻讓我們想起老子「道可道，非常道」、「大音希聲，大象無形，道隱無名」的本體境界，《奇蹟課程》雖稱之為上主，其實就是宗教共同指向的終極實相。它是

一切的一切，圓滿不可分的整體，大而無外、小而無內，在
它之外的存在，只是虛無或幻境。

　　這純然一體的本體境界，雖然不是活在二元世界中的大
腦所能理解的，但被壓抑下去的記憶仍然在心靈中迴響，勾
起某種失落，我們才會窮一生之力四處尋求彌補。有些人會
尋找靈魂伴侶，有些人則透過「立德、立功、立言」來賦予
人生意義。我們卻沒有勇氣追問：我們究竟失落了什麼？這
些替代品真的能滿足我們的渴望嗎？

> 聽著，你可能還依稀記得一個悠遠古老、並未
> 全遭遺忘的歌……那些音符本身並沒有什麼特
> 別……而是因它們會悄悄勾起你對某個東西的
> 懷念，你一旦回想起來，就會忍不住落淚。你
> 本來還記得的，但你害怕，深恐自己會失去你
> 後天學來的那個世界。（T-21.I.6:1;7:1~3）

　　這天堂之歌時時在午夜夢迴之際頻頻呼喚，使我們縱然
獲得全世界的財富，仍難以「心安」，也使我們在受盡挫折
時，永不「認命」。只因我們目前這狀似短暫、脆弱而渺小
的生命，原是來自一個圓滿無限的源頭，只是被我們封藏在
心靈的底層而已。那境界雖然雲深不知處，卻始終在我們心
中迴響著。

　　我們不敢回首自己的家鄉，只因我們害怕失去眼前擁有

的一切，世界不論多麼苦，它，畢竟是我們一手經營出來的
。這種內心的衝突讓我們難以承受，只好掩耳不聽家鄉由我
們心靈深處發出的呼喚。

## 神佛不二

　　大體而論，《奇蹟課程》的形上理念與東方玄學或禪密
可說是同出一轍，不過借用了當代熟悉的心理學觀念以及訓
練課程，把那玄學秘論落實於人際關係中而已。它訓練出一
種新的思考模式，將我們領回那「一體相通」的心境。

　　《奇蹟課程》沿用基督教「三位一體」的觀念來解說生
命的實相，有趣的是，聽起來像基督教，感覺上卻更接近佛
、道、禪、密。

　　三位一體的第一位，上主（真神），代表著一切存有的
終極根源，西方習慣稱之為天父。祂無形無相、永恆不變、
一體不分、無窮無盡，祂是圓滿的愛，無限的光明，純粹屬
靈的境界，凡是可朽的物質，都不可能出自祂。由此可見，
《奇蹟課程》中的上主，不過是老莊的「道」與佛之「法身
」的一個別名而已。

　　這生命根源並非死寂不動的，它生生不已，不斷地自我
延伸，自我給予。如此「推恩」的結果，創造出了「三位一
體」的第二位：聖子，又名基督。這位基督並不是一個人，

它（祂）是上主由自身延伸出來的「生命原型」，也就是我們的本來面目或存在本質。為此，分享這一原型的我們，全都是名副其實的「上主之子」，同具圓滿的神性，都是基督。

> 基督是上主所創造的聖子。祂是我們共享的自性（Self），將我們相互結合，也與上主結合。祂是那依然存留於天心的聖念，天心是祂的根源。(W-P II.6.1:1~3)

很顯然的，基督這一名詞在《奇蹟課程》中並不等於耶穌，它代表了我們與耶穌共有的圓滿神性，與佛教的「自性」與「佛性」毫無差別。佛說：只要了悟自性本來，便已進入了佛的境界；《奇蹟課程》也說：當我們認清了自己「純潔無罪」、「百害不侵」的本來面目時，便回歸了基督。

神的創造只有一個，故基督也只是「一」，天地萬物都結合於這個「一」內。我們當初因一念之差而自絕於實相之外，經過百千萬劫的流轉，營造出整個世界的幻境，分裂為億萬個體。然而，這並不足以毀滅我們的一體實相，我們終將認出彼此清淨無染的面目，再度結合為「神子之境」（The Sonship），回歸基督的圓滿之境。

那麼耶穌又是誰呢？他自稱是我們的長兄，已經完成了他的救恩，繼續以智慧與愛引導我們，為此，我們敬愛他，卻不必崇拜他，因為他自己說了：

　　關於我的一切，沒有一樣你不能達到。我所有
　　的一切，無非來自上主。此外，我一無所有，
　　這是我們當前不同之處。這使得我所在的境界
　　，對你而言仍是有待開發的潛能。

　　（T-1.II.3:10~13）

　　換句話說，我們與耶穌唯一不同之處，不是他多了什麼
，而是他少了一些東西；反觀迷失的我們，並不是少了什麼
，只是多了一堆自己營造出來的虛妄，這不正是老子「為道
日損」的道理？耶穌與我們擁有完全相同的基督自性，只因
他已放下了一切虛妄，體悟了佛教所謂的「空性」，證入自
性，完成了救恩。

　　如今人類已經進入了二十一世紀，應該學會超越舊時代
所執著的宗教藩籬，試著開放心胸，接納各方「善知識」跨
越時空所傳遞下來的訊息。我常勸慰非基督徒的讀者，不要
把書中基督教詞彙看得那麼嚴重，更不必把耶穌神化，與佛
誓不兩立似的。何妨在這東西文化交會的新時代，結交一位
「洋朋友」，聽聽他是否有話可說，如此而已。

## 天人之隔

　　我們的自性（基督）既然享有造物主的一切特質，必也
分享了創造能力，生生不已，延伸不盡。身為上主之子的我

們，縱然「誤以為」自己已與生命的根源分裂，並未喪失天賦的創造能力，只因心靈受到污染，創造能力被扭曲為「妄造」（miscreation），而營造出一個無情且虛妄的世界。

　　然而，切勿忘了，我們雖然擁有創造的能力，卻不是造物主，最多只能成為創造同工（co-creator），因為我們本身仍是「受造物」，而非終極的根源。當新時代讀者喜稱「我即是神」時，應了解其中微妙的差別。不論上主賦予我們多大的自由，我們不是「實相」的主人，最後的主權不在我們的手裡。小我日夜喊著自由的口號，想要篡奪這一主權，幸好，這是永遠不可能成功的事，否則，實相若真由我們來操控，我們早已落入萬劫不復之地了。

　　我們雖不能改變實相，但我們卻有逃避真相或否定真相的自由，而曾幾何時人類確實作出了這個錯誤抉擇，基督教稱之為「原罪」，在佛教則稱為「無始無明」。人類無法面對這一錯誤的結果，便刻意將它遺忘（心理學稱之為壓抑），自以為被神所棄，懷著天譴的恐懼而投射出一個「因果報應」的世界，作為躲避真理實相的藏身之所。

　　這個「現實」世界，與天堂成了強烈的對比。天堂內的一切圓滿無缺，一體相通，那兒沒有孤獨分離的個體，沒有過去的陰影與未來的焦慮，只有生生不息的現在，時時刻刻都結合於神聖的大愛之中。在那兒不再追尋，無須彌補，安然活在「本來如此也永恆如此」的實相裡。

　　然而，世界裡的每一個元素與特質都與天堂恰恰相反。這兒，沒有完美、永恆及合一，放眼望去都是支離破碎與分崩離析。

> 好好正視這個世界，你就會看見，沒有一樣東西能依附在自身之外的任何東西上……你所見到的世界是靠「犧牲」一體性而形成的。那是一幅完全分裂，毫不相通的圖像。每個實體的周圍好似都築了一座狀極堅固的圍牆，……每一部分必須犧牲其他部分，才能保持自身的完整。因為它們一旦結合，各部分就會失去自己的身分；唯有各自分開才能保全它們的自我。
>
> （T-26.I.1:7~8;2:1~5）

　　每個人都生出一具身體，隱藏著不可告人的心思，在時間與空間中遊蕩，每一個個體都想吞併另一個個體，使自己重歸完整。這種「自衛」心態以及伺機攫取的「利用」心機，只會加深自己的內疚，覺得自己確實罪孽深重，於是，外在的風吹草動都成了天網恢恢的報應。

## 實相與幻境的橋樑

　　已在夢中打滾了千萬劫的人類，除非被人喚醒，自己幾乎不可能甦醒過來的。因為在夢境中，我們不只營造出「眼

可見、耳可聞、手可觸」的現實世界；在此之先，我們先發
展出一套只能「如此看、如此聽、如此覺」的認知能力與身
體，它們之間相互作證，證明彼此的真實性。因此，我們若
要走出夢境，便不能依賴自己的感官與推理，那麼還能靠什
麼？

　　在陷入徹底的無知與無能之中，我們需要新的嚮導引領
我們走出這個黑暗，這就是《奇蹟課程》中的聖靈角色，其
意義與基督教的詮釋大相逕庭，強調的是它「非人格或神格
化」的特質。在天堂的圓滿境界中，基督與聖靈都是上主的
延伸，幾乎沒有差別，故無需分開來解釋正確用法。但自從
上主之子誤以為與神決裂以後，那不生不滅，清淨無染的自
性（基督），仍舊存留於聖子心中，只是被我們壓到潛意識
下了。這個默默陪伴著我們流轉於人世的不滅靈性，我們稱
之為聖靈。

　　於是，**聖靈成了上主與其分離的兒女之間僅餘的一道聯
繫**，它隨著天人分裂而進入了我們的世界，在我們心中繼續
為實相發言，成為上主的喉舌，也成了人類的良知。兩者本
來是同一回事，只因我們的心目受到了蒙蔽，活在天人分裂
的狀態，聖靈才成了橫跨實相與幻境的橋樑。它既是上主的
延伸，故了知實相；但它也隨著人心進入了物質生命，故也
明白世界的運作法則。它成了人心的良知，迴盪著天人分裂
以前的記憶。

　　我們若想在佛學詞彙中尋找相近的理念，我覺得不生不滅的「佛性」最為近似「聖靈」的概念。在希伯來文聖經裡，聖靈是不具「人格」意味的，始終用「它」來稱呼，直到基督教神學才逐漸將它轉變為「祂」。

　　正因著這不生不滅的聖靈或佛性，陷於肉體與物質世界的人類才有回歸天鄉的希望，因此，《奇蹟課程》說，聖靈乃是上主對分離兒女的「終極答覆」（Answer），也是虛妄世界的「救贖原則」（Atonement）或「修正原則」（Correction）。它的臨在證實了「天人分裂」這一事實根本不曾發生過，只是噩夢一場而已。這個生命的嚮導，能夠利用夢中的一切機遇，引領我們走出夢境。

## 不可思議的答覆

　　如今，我們活在這種「不可思議」的分裂狀態：內心嚮往著一個渺渺茫茫的幸福之夢，身體卻陷於一個身心相殘的惡性循環中。我們想要擺脫痛苦的現實，它卻尾大不掉；我們想要追隨幸福美夢，它又虛無飄渺。

　　針對這「不可思議」的困境，《奇蹟課程》給了一個「不可思議」的答覆。它告訴我們：

❖ 天堂不是美夢，而是我們所擁有的唯一實相；世界
　 不是現實，而是自己投射出來的幻境。實相之外沒
　 有他物，有形世界不過是一場虛幻的夢。

❖ 天堂既是實相，永不可能失落，所以我們此刻必然
　 活在天堂之中，只是作了一個放逐人間的夢而已；
　 眼前的現實世界既是噩夢一場，並沒有控制我們的
　 能力，只要我們願意，我們隨時可以改變夢境，甚
　 至由夢中甦醒過來。

這個「不可思議」的觀念扭轉了人生的戰局。

—— 世界不是我們的敵人，而是我們的傑作；無需與它奮戰
　 ，只要我們不繼續賦予它力量，它就無法控制我們。

—— 幸福乃是我們「上主之子」與生俱來的權利，它是無價
　 的，天賜的恩典，無需任何犧牲或代價，只要找對了地
　 方，它隨時都在那兒等候我們。

—— 我們不需要在世上成就什麼大事來證實自己的價值，我
　 們只需改變自己的觀念，選擇實相作為自己的生命藍圖
　 ，重新出發，便能由噩夢中覺醒過來。

—— 人生既然只是一場夢，表示我們從未離開天堂一步。在
　 夢裡，我們既不可能真正傷害任何人，也不可能受到任何
　 傷害。如此，何需忙於自衛或彌補？我們只需做一件事，
　 即是重新選擇，心念一轉，便給了奇蹟一個發生的機會。

## 重新選擇（Choose once again）

不論我們活在何種處境下，都須對自己的生命意義先有一基本的肯定，即使不能全然肯定，至少也要有一個起碼的假定，才好調整生活的方向。在永恆的境界中，一切是如此肯定；但在幻境中，永遠變化無常。

世間紛紜的萬象本來就是為了蒙蔽真相的煙幕彈，使得生活中的每一件事都不再是那麼天經地義，不論我們作何想或如何反應，都成了一種自由抉擇。如同半瓶水的譬喻，你可以著眼於空的一半，也可以著眼於滿的一半；你可以繼續從物質世界找可怕或痛苦的見證，也可以去聽那隱藏在你心中卻不容你懷疑的無限渴望。

我們亟需一雙慧眼，重新去看、重新了解、重做選擇。由於我們的感官與理性都被困於舊有的看法與心態下，才需要《奇蹟課程》傳授給我們另一套看法與心態，而且必須在現實生活中沙盤演練，才轉變得了自己所營造出來的世界。

上主或聖靈代表著實相智慧，小我則代表世間的聰明伎倆，兩種心態指向兩個不同的世界。我們從清晨張開眼睛到晚上闔眼，都在接受世間法的薰陶，每一分每一秒，有意識或無意識之間，我們都在做一選擇或決定，世間沒有一件事物能百分之百地證明你的神聖性或有罪性。你是誰，你願如何看你自己，你願如何看待他人，其中包含了很大成分的「

選擇」。《奇蹟課程》在世俗的判斷之外，為我們提供另一種可能性，它用各種正說反證的方式，用種種方法操練來培養正見（rightmindedness），引導我們走出小我的妄見（wrongmindedness），訓練我們以一雙慧眼去看生命的真相。

　　何者為真？何者為幻？一旦澄清真假虛實之別，我們再也無法繼續扮演「受害者」的角色，再也不能把自己的不快樂諉罪於外人或外物了。這一生是我們自編自導自演的一齣戲，我們隨時都有能力改寫劇情，創造一個幸福的結局。

# —— Q & A ——

## ❖ 耶穌與聖靈屬於一體之境？還是屬於幻相世界？

**若水問**：我有一個老掉牙的問題，向你請教，雖然我知道這
類形上問題不是理性所能罩得住的，但仍想由不同的角度來
探討，也可滿足一下奇蹟學員的理性需求。

如果小我非真實存在，上主之子覺醒之後，就不會記得
夢中諸事。是嗎？那怎麼解釋耶穌的狀態，他很清楚我們的
人生大夢。既然這一記憶仍然可能存在於覺醒之「心」（即
天心）內，我們就不可說小我的種種根本不存在。如果這個
記憶不存於天心內，又怎能保護我們不重蹈覆轍？

**Tom Carpenter 答**：對於初入門的讀者或尚未抓到《奇蹟課
程》基本教誨（即一體性的真理實相）的奇蹟學員，這一問
題確實是他們的最愛。

其實，小我基本上只是一念，也就是從那「一體天心」
（One mind）中生出把罪當真的信念，從此封死了覺知那一
體性的路，塵封了造化永存的完整一體本質，使得「一心」
內無窮的可能層面（aspect），如今「顯得」各個不同，互不
相屬。我稱這一經驗為「小我意識」。在小我的世界裡，看
起來自成一體，獨立運作的個體，其實仍是同一「天心」的某
一層面而已，如今各自活出自己的傳奇故事，與其他人的故事

糾纏，連接，相互印證。這幾句話便已道盡了世界的本質。

　　在分裂意識裡，「覺悟之道」也很自然被想成：一個個沈睡的個體，各展神通地追求真理。直到有一天，他們突然明白，身邊的弟兄根本就是自己的某個層面（aspect）。

　　耶穌在我們的眼中自然也呈現為一個個體，但《奇蹟課程》說得清清楚楚，他不可能獨自悟入真理實相的。原屬於人類一體不分的整體意識中的「他」，尋回了那個記憶，也就是上主置於天心中那一點「靈明」（聖靈），確保我們永不會失落自己對那一體真相的覺知。

　　我們說，他悟入實相，這話也沒錯，如果我們明白這個「他」是真實的我們的一部分，他之所以能夠繼續意識到夢境裡的一切，是因為只要是存於小我意識（ego consciousness）的一切，整體意識內不可分的每一部分（the indivisible consciousness）都應該意識得到才對。若非如此，就表示我們可能把造化分裂成互不相屬的部分，也可能把造化與造物主分開了。

　　在夢境中，有人覺醒了；在實相中，根本沒有人能覺醒，只有那一個夢而已。在夢中，上主那個唯一、完整且不可分割的聖子的許多面（aspects）經驗到分裂的妄念，假裝成各自不同的個體。當罪的觀念消失以後，想要分裂的意念就沒有存在的目的了。意識本身（consciousness）便覺醒於完

整一體的自性（Self）。

在此再補充一點：《奇蹟課程》還解釋了，我們意識中存有一種對「真實世界」（the real world）的覺知。它不是一個地方，就在我們的覺（awareness）裡，覺察得到我們的一體實相。在真實世界裡的人，仍能意識到心靈還有一部分在作夢，卻能不與夢境共舞，也看清了那些罪的觀念背後的真相。原本是「愛」的真相，繼續光照著尚未憶起真相的那一部分心靈。時間在真實世界中失去意義，死亡之念也不復存在，它像一面鏡子反映出天堂來，正等待著自性每一部分（aspect）憶起原本一體的真相，同時認出維繫一體的愛正在歡迎它回家。

希望這一解說有助於你的了解，若還有需要澄清之處，請提出。

**若水問**：多謝你如此快速的答覆。我明白這些疑問都是在小我的有限認知能力下投射出來的問題，也許永遠都沒有一個能滿足小我理性的答案，甚至掉入小我借用理性思辨來逃避問題的陷阱。然而，既然這是小我最愛的質疑，讓我們把理性推到極致，藉著此回的胡纏爛打，把這終極疑問一勞永逸地處理掉，也算是對讀者有個交代。

1）你說：「他之所以能夠繼續意識到夢境裡的一切，是因為只要是存於小我意識的一切，整體意識內不可分的每一部

分都應該意識得到才對。」

　　在小我的知見領域裡，耶穌悟入真相，回歸一體，他若仍覺知到小我意識中的幻境及妄念，正意味著那一體天心（Mind）仍能覺知幻境，只是賦予不同的意義（判斷）。但這於理不通，在那絕對的一體境界內，是不可能有此類覺知與判斷的。

　　也許你說的是兩種不同境界的耶穌，一個是所謂的「夢中英雄」，他活過，覺悟，也在繼續幫助我們；而另一個則是已經成為Christ（與自性是同義詞）的耶穌，無名也無相，不屬於夢境，也不知道幻相世界之事。這兩種存在境界的內在可有任何相通之處？

　　你是否同意肯恩（Ken Wapnick）的觀點，上主根本不知道我們夢境的事情？

2）你說：「當罪的觀念消失以後，想要分裂的意念就沒有存在的目的了。意識本身（consciousness）便覺醒於完整一體的自性（Self）。」

　　你是否說，當我們覺悟自己本來面目而回歸一體真相時，聖子再也不可能迷失了？那個瘋狂一念也不可能再發生了？這一觀念確實能夠安撫我們惶恐不安的心，但若真如此，小我的理性又不能不打破沙鍋問下去，在最初的無明一念發生之前，罪的觀念尚未存在時，那個瘋狂一念又由何而起？

我知道自己又在直線思考方式下追問一個超越時空與理性的問題。你若還有一些靈感，我很希望看到你是從什麼角度切入的，也能敲醒我們這些陷入理性思考的讀者。

Tom Carpenter 答：讓我按照你提問的次序，試著答覆一下。

1）「在小我的知見領域裡，耶穌悟入真相，回歸一體」，這一說法確實只在小我的知見領域裡才有意義。耶穌和我們所有的人都只是分裂的象徵，也只有小我才能認出他們的存在。而我們原是自性（上主之子）中不可分割的部分，一起作夢，因此也只能一起覺醒。這同一意識的每一部分自然能夠覺知其他部分的一切，因為每一部分只是由其餘部分自行決裂出來的一面（aspect）而已。

2）上主知道我們在作夢，為此才會在我們的「本心」（Mind）中放置了聖靈的存在，保證我們終將覺察到祂的存在，因為上主親自把祂存放在我們的心裡，回歸一體只是遲早的問題，但時間根本無關緊要。

上主並沒有涉入我們的夢境，否則夢境就會成真了。祂只是讓我們找到聖靈而自我釋放。意識（consciousness）當初並沒有藉助造物主而陷入夢境，因此，它的覺醒也無須造物主的參與。

3）我提到的耶穌確實是所謂的「夢中英雄」，是我們在夢中所見到的他，我同時也可以看到「超越夢境」的他，也就是他認識的自己。這層次，他跟我們所有的人一樣，是完整自性的一部分，也跟所有的人一樣，是我的一部分。

至於我會認出他哪一種身分，取決於我是在夢境或在實相的層面去看他的。因為他知道自己也曾夢過分裂之境，所以他知道夢境是怎麼一回事，也能根據自己解脫的經驗來教我們同樣地釋放自己。

4）至於我的上主與世界觀是否與肯恩一致，你可由我第二點答覆看出端倪。

5）沒錯，我確有此意：我們一旦結束了罪與分裂的遊戲，就沒有必要重蹈覆轍了，因為「那檔子事」，我們去過，也玩過了。但我承認，在這一點上，我並沒有百分百的把握。我的「長兄」告訴我，這問題無關正事，故無關緊要，因為不管現在世或未來世，不管你作什麼夢，都不會帶來任何後果或影響。

至於我們為何會生出（後來稱之為罪的）那個 " tiny mad idea "，它不過是源自一個與我們圓滿真相有關的反問，如：「我是誰？」這一問，意味著分別意志的出現，它當下感受到自己在否定上主旨意，罪的概念便由此萌芽了。

好了，就說到這裡，若還有疑問，歡迎提出。

若水：感謝你不厭其煩地解說。不難看出，你的形上理念與肯恩極其相近，雖然有些說法略有出入，但都屬於「絕對一體論」。

由你的答覆，我注意到你在ego與Self之外，還存在一個self；在ego consciousness與Consciousness（Mind）之外，還有一個中性的consciousness。而你在用中性的self與consciousness，而不用ego時，正好都提到耶穌，我腦子好似被敲了一下，在ego與Self之間，我看到了一個過渡地帶，即是中性的consciousness。

在這意識領域裡，有「正念」與「妄念」，當我選擇與「妄念」認同，即活成了ego。（已經活在肉體中的我們，若無反照的能力，表示我已經完全認同於小我的存在，使得代表正念的聖靈幾乎形同虛設）

「正念」則是上主置於我們內的聖靈，始終臨在於我們的意識內。只因小我不斷地與妄念認同，代表「正念」的聖靈愈來愈深地壓抑到潛意識裡，以至於提到聖靈時，我們會感到祂的存在是如此抽象，虛無飄渺。

直到佛陀與耶穌等聖賢的出現，沈寂已久的「正念」才得以在人類意識中大放光彩。他們的覺悟經驗即是選擇「正念」的過程，即使在他們進入涅槃或天堂之後，他們的覺悟經驗仍然存留在那一夢境中（物質宇宙中能量不滅嘛），

他們的選擇以及慧見匯入了人類的整體意識，從此「正念」方足以與「妄念」分庭抗禮。

因此，只要我們「選擇」不聽從 ego consciousness 的指令，聖靈就在小我的身旁隨時接手。這讓我想起耶穌說的話：助緣一直都在這兒，只要你願意，隨時都可牽住我的手。

你的解說讓我豁然開朗。我以前的神學訓練，習慣把《奇蹟課程》所說的「由小我轉向聖靈」的過程，想成與「三位一體」的聖靈結合於天堂之境，讓人感到「仰之彌高，鑽之彌堅，瞻之在前，忽焉在後」！小我與聖靈之間簡直是「天人永隔」，我若不自量力躍過其間的千山萬壑，怕不摔得粉身碎骨才怪！

如今我突然領悟，由小我到聖靈，就像拜訪鄰居一樣，兩者都存在於同一個意識（consciousness）內，而因著耶穌、佛陀等人在人類意識中匯入的正見，靈性的慧力已經醞釀成熟。每個新時代學派都說，整體意識已經覺醒，正以萬夫莫當的氣勢推著人類向前。

說到這裡，奇蹟研習的三個階段頓時在我眼前串聯成一整體了。「理論基礎班」揭開了小我存在的秘密以及它的防衛措施。「自我療癒班」則直搗小我的動力馬達，也就是那讓我們寧願受苦也要抵制聖靈的內疚與恐懼。而第三階段的「與聖靈連線」，其實就是練習在起心動念與行住坐臥之際

，隨時「選擇」聖靈的正念，捨棄小我的妄念而已。

以前，我把聖靈放在天上，不知如何連這條線，趕緊把你拉出來當中介。如今我看清了，小我與聖靈的拔河遊戲，並非什麼天人交戰，而是我意識內的正念與妄念的拉鋸戰，與上主天堂扯不上什麼關係。兩方都在我的「心念」裡。

聖靈既不在天上，而在我的念裡，而且就緊貼在小我的身邊，「選擇聖靈」應該屬於家常便飯才對。只要有此願心，我感到自己幾乎不必走出家門（身體），只需打開窗戶，向隔壁鄰居喊一聲：「聖靈大媽！我的蔥用完了，借幾根蔥吧！」

我目前正在準備的研習第三階段「與聖靈連線」，突然顯得那麼自然而簡單了。

# —— Q & A ——

## ❖ 好端端地怎會冒出個小我來？

**若水問**：幾乎每一堂課，都有學員問起「小我的起源」這一類終極問題，雖然切入的角度略有不同。例如：

1）天堂與聖愛既然完美無瑕，聖子怎會選擇離開天堂之夢？

2）上主既是完美的一體，又有一個完美一體的聖子：在這完美的天心中，怎麼會生出「分裂」這種不完美之念？

3）當救贖完成之後，誰敢保證小我不會重犯類似的錯誤？

4）我們怎樣才能達到《奇蹟課程》所謂的「經驗」（證量），化解小我這個無解的公案？

**Ken Wapnick 答**：首先，我必須指出，前三個問題看起來好似問題，其實是小我（妄念之心）的一種聲明，它真正要說的是：我相信小我是存在的，現在請你告訴我，它是怎麼發生的，你怎敢保證它不會再次出現。

　　幾乎每位奇蹟學員讀到某一地步都會提出這類的問題，因為小我想要知道它的出生，就像孩子會問父母「我究竟是哪裡來的」一樣，這是很自然的。問題是，小我的出生既不

自然，也不合法（illegitimate）。《奇蹟課程》甚至鐵口直斷地說，在實相裡，小我根本不曾活過；那麼我們怎麼可能從這一大部書裡找到令人滿意的解答。

問「這不可能的事情怎麼可能發生」的人，一定已經把自己看成分裂的個體了；而答覆這一問題的人，一定也認同「分裂」真正發生了。而且，它既發生過一次，就可能繼續發生無限次。從某個層面來講，這也沒錯，我們從早到晚都在「我究竟是小我還是上主之子」之間作抉擇。因此，擔心將來還會重蹈覆轍的人，和相信分裂曾經發生過的人，都是同一層次的問題。

《奇蹟課程》是這樣答覆的：

> 凡是要求你去界定小我，並解釋它如何形成的人，都已認定小我是真實的，並設法藉用定義把小我的虛幻本質隱匿在那似是而非的文字之後。沒有一個謊言能夠透過定義而弄假成真的。也沒有一個謊言真能隱匿得了真理。
>
> (C-2.2:5;3:1~2)

> 小我勢必會要求本課程所未提供的答覆。它認不出這些問題只具問題的形式，卻是不可能作答的。小我會問，「這不可能的事怎麼發生的？」「這不可能的情況又發生在什麼事上？」

> 它會以各種方式提出這樣的問題。卻沒有答案
> ，有的只是經驗。就致力於這個經驗吧！不要
> 被神學所耽誤了。（C-Intro.4）

《奇蹟課程》在最後的〈詞彙解析〉導言裡，已經聲明
了，這是一部修正你的知見而得到救贖經驗的課程，不是一
部哲理書籍，用詞也未必精確，你若在文字上找碴，你一定
找得到。此書的目標指向經驗，而非神學，若用理性思辨來
學習，已偏離了本書的主旨，因為理性思辨一直是追尋真理
的所知障。

> 你還是堅信自己的了解對真理是極大的貢獻，
> 它之所以成為它，全靠你的了解。（T-18.IV.7:5）

這確是兩難之境，我們開始進入這一課程時，不能不靠
理性去了解，到了一個階段，理性便成了障礙，必須予以捨
棄，才可能經驗到《奇蹟課程》所揭示的真相。它用「放逐
之夢」（dreaming of exile）來比喻我們當前的所聞所見，
看起來真實不虛，其實「從未發生過」。

> 究竟心靈是怎麼營造出小我來的？這問得很有
> 道理。事實上，這是你所能提出的問題中最上
> 乘的問法。然而，若根據過去的種種來回答這
> 問題，就毫無意義了，因為過去的一切已無關
> 緊要；若非現在不斷重複同樣的錯誤，否則，
> 歷史是無法存在的。（T-4.II.1:1~3）

　　它的意思是，我們追究「當初」怎麼作出這麼愚蠢的決定，只會淪為形上思考，我們應該問的是，為什麼我們現在還在不斷重複同樣的錯誤？這才能幫我們由「作繭自縛」的幻境裡解脫出來。

　　而《奇蹟課程》提供的方法則是「寬恕」，唯有寬恕眼前的假象，才不至於欲蓋彌彰，弄假成真。它再三點醒我們，整個人間大夢都是出自我們的顛倒妄想；若要出離夢境，必須記起我們是個「靈」，具有無限的選擇能力。我們既然能夠選擇分裂而流轉至今，此刻，我們必須發揮「重新選擇」的力量，這才是扭轉此生的樞紐。

> 考驗不過是你過去未曾學會的一些課題，如今再度現前，如此，你才能在過去選錯之處重作一個更好的選擇，藉以擺脫舊有的選擇所帶來的一切痛苦。在每個困難、煩惱及迷惑裡，基督都在溫柔地呼喚你說：「我的弟兄，重新作個選擇吧！」（T-31.VIII.3:1~2）

　　「小我是哪裡來的？」「我們還會失足嗎？」這類終極問題，在人間是永無定論的「公案」，我們最後只能憑著一點信任，親身實驗一下這部課程所傳授的寬恕之道，看它是否真能帶來轉變人生的「經驗」，唯有這「經驗」才可能徹底消解這類終極迷思。

## —◆— Q & A —◆—

❖ 已經回歸一體的耶穌與聖靈怎麼記得
　夢境裡的一切？

---

**若水問**：最近在網上看到學員們又在討論一個老掉牙的形上問題，你說過，這問題幾乎在每次的講習會中都會以不同的形式提出，而你也承認，這問題原本超越小我的知見所能抵達的範疇，所以不論怎麼「講」，都難以滿足小我理性與心理需求。

　　但我還不死心，繼續逞小我之傻勇，期盼在死纏爛打之際，迸出一些火花，激發出我們的悟性，也是值得的。

　　這個問題，我也請教過Tom：如果小我非真實存在，上主之子覺醒之後，就不會記得夢中諸事。是嗎？那怎麼解釋耶穌的狀態，他很清楚我們的人生大夢。既然這一記憶仍然可能存在於覺醒之「心」（即天心）內，我們就不可說小我的種種根本不存在。

　　我知道這只是「天堂既然圓滿無缺，那麼，第一個妄念怎麼會生起」的另一種問法而已，我也能接受你以前所給的答覆，但在理性方面似乎還有些不甘或不解之處。因此，再提一次，請你用功一點答覆，看看我的腦袋是否會click（茅塞頓開）。

Ken 答：我可不敢保證這一答覆能夠解除你的疑惑，或許適得其反，但我很願意再試一次。

你的疑問假定了「我們全是虛幻的，但耶穌在某一程度是真實的存在」，這一前提有誤，耶穌，Ken，和若水一樣，全是幻相，那麼一個根本不存在的人，怎麼可能知道根本不存在的夢境？

這一答覆絕無避重就輕之意。你說的沒錯，這問題與「天堂好端端地怎麼會冒出一個小我來」屬於同類的問題。我們只能從夢境的角度去回答（註：因為在絕對境界，小我不曾真正存在過，故也沒有出現不出現的問題），我們的解釋也只能透過象徵或比喻的方式。（註：小我的表達方式與夢一樣，都是象徵性的，而文字則是象徵的象徵，兩層隔閡之後，早已失真。就像解夢時，不可死扣著某個形象而當真）

在這背景下，認為有個叫作耶穌的人，知道我們的存在，也了解我們夢中的苦樂，有很大的安撫作用；事實上，這只是反映真相的一種象徵說法而已。只要我們還認為自己存在於此，我們便不可能直接體悟真相，因此，只能透過某種象徵來反映那個真相。

當我們悟入圓滿真相，一切本來如是之後，便沒有什麼好回憶的了。但在夢境中，相信有個耶穌或佛陀知道我們在此受苦，有很大的幫助。

不知這一答覆,有沒有拉你一把?還是又把你打入泥沼中了?即使你在水深火熱之中,還是感謝你屢屢寄好茶來,我們這兒的茶迷愈來愈多了。

**若水問**:我明瞭了耶穌與佛陀的象徵意義,但對於小我的緣起這個終極問題,我心裡還有個疙瘩。請容忍我最後的一搏,只要你能澄清下面幾個疑竇,我發誓再也不囉唆你了。

讓我先確認一下你對這問題的基本立場,若陳述有誤,麻煩你順手修訂一下:

1) 在圓滿的天堂裡,怎麼可能發生「分裂」之念?Ken說:「分裂」從未發生過。這類反問只是小我企圖鞏固分裂的真實性的伎倆。

2) 當心靈覺醒之後,還可能再次迷失嗎?Ken說:它既然不曾發生,也就不會再次重現。

3) 心靈覺醒之後,還會記得夢中情境嗎?Ken說:沒有什麼好記得的,「一個不存在的人記得一個不存在的夢」,豈有此事?

你難道不覺得上面的答法強詞奪理,聽起來蠻蠢的嗎?

我們常說,只告訴人家「世界不存在」,一點用都沒有;聖靈會按你目前的程度來接引你,那麼聖靈為什麼不能聰明一點,用我們能懂的話來開我們的竅呢?何況,奇蹟學員

一向以《奇蹟課程》乃是為知識份子寫的靈修書籍而自豪，
而它竟然不能在這麼關鍵的問題上給我們一個乾淨俐落的答
覆，真是辜負我們的厚望，難怪奇蹟學員逮到機會就針對這
一問題窮追猛打，總期待能夠破解這一千古公案。

你上面的答覆有個大破綻，你和「它」都喜歡用「夢境
」來比喻小我的不實性，但在我們的經驗裡，我們知道夢境
非真，但仍能記得夢境，且說得津津有味；為何心靈回歸天
心之後，便無法記起夢境且一笑置之呢？那麼，這和我們犯
了第一個錯誤時故意遺忘（後來形成潛意識的壓抑與否認）
又有何差別？

為什麼《奇蹟課程》認為這是無關緊要的問題？這一認
知能夠保護我們不再落入幻境。否則，以前「好似」發生的
事，很可能再度「好似」發生（即使不是真的發生）。

如果天堂中那個 tiny mad idea 隨時可能冒出來的話，
天堂豈有平安可言？

如果「流轉六道的夢」無關緊要，上主為何會在心靈內
安置一個聖靈的存在，保證我們能夠找到回家的路？

親愛的肯恩，再用功一點為我解疑吧，你若真想不出來
，不妨去跟耶穌通個熱線，只要給我一些還算「說得通」的
答覆，我不介意答案從哪裡來的。

（P.S. **如果你的答覆令我滿意，將來送你兩包茶葉當獎品，看在獎品份上，好好去閉關想一想**）

**Ken 答**：唉，若水，看樣子，那兩包茶葉我大概無福消受了。但我還是盡我吃奶之力來答覆你的疑問。

首先，你的三個問答一點也沒錯，如果用中文來念，一定更悅耳一些。

我想，你的質疑最大的問題乃是它們都是由幻境的立場出發的，這是我們不能不承認的事實。你只能從夢境中談夢中事；當你覺醒以後，夢境消失了，提問的人也消失了，還有什麼問題呢？

至於上主、聖靈的說法，跟耶穌是同一回事，這三個傢伙都是同樣的虛幻不實，只是象徵而已。天堂並沒有一個名叫 God 的神，至於耶穌了解我們的夢中甘苦或是上主創造聖靈，也都是比喻的說法。你若用《奇蹟課程》裡面虛幻的文字象徵來證明幻境的真實性，甚至用來探討實相，你就走偏了。還不如把你那虛幻的問題，泡在虛幻的茶湯裡，更有意義一點。

總而言之，我的最愛，我還是期待你能來我這裡，與我靜靜地品嚐甘美的茶香，答案自會慢慢浮現的。我期盼這一刻早日到來。

你最頭痛的 Ken 敬上

（諸位看官，你看到我這樣死纏爛打，也只能從Ken
Wapnick那兒擠出這般答覆，你的疑問也可從此休矣！
若還不開竅，勸君一起「喝茶去」）

若要了解《奇蹟課程》，不能不了解「投射」
；除非我們徹底明白人心是如何利用「投射」
來扭曲真相而營造出三千大千世界的，否則我
們不可能懂得《奇蹟課程》任何一句話。

# 4
# 〈正文〉導讀
## 人間的愛恨交響曲

若要了解《奇蹟課程》的要旨，必須先由那撲朔迷離的百萬言中提出一個綱領。我們在此要介紹的乃是肯恩（Dr. Kenneth Wapnick）所整理出來的形上思想體系，他用「正見」與「妄見」兩大體系來貫穿全書的要旨。

「妄見之境」代表了小我的思想模式，也就是世俗的運作原則；「正見之境」則是以寬恕為軸心的聖靈運作原則，亦即回歸實相的道路。這兩種思想體系都有自己的前提與嚴密的邏輯，自成一家之言，而且各自營造出有形可見的人事環境，來印證自己的一套理念。它們的立場與結果不僅南轅北轍，甚至無法並存。

《奇蹟課程》的靈修理念，不是追求悟境，因那是本來圓滿不待修證的境界，它致力於解除小我為躲避實相而自我囚禁的虛妄幻境。在化解之先，我們必須對小我咎由自取的模式有一徹底的認識，才可能在現實生活中隨時看破它的偽裝，不隨之共舞，給自己一個「重新選擇」的機會。

　　應知，小我的理論必有它自己的一套邏輯。我們若聽過憤怒的人抱怨，便不難看出，即使我們認為他不講理，但他仍能振振有詞，搬出一套自認為無懈可擊的理由。世間的是非爭論不都是如此？即使是一個荒唐的悲劇，它背後也是一個接著一個好似「言之成理」的想法銜接起來的。《奇蹟課程》將小我那一套瘋狂的邏輯由潛意識中徹底翻出來，讓我們沒有迴避的餘地。

## 迴旋交響曲

　　一般書籍在介紹某一思想體系時，大多採取直線式的鋪陳方式，由幾個基本原則，慢慢推演出一個層次分明的理念架構。《奇蹟課程》則不然，它從一開始，就不理睬理性的要求，不給讀者一套清晰的架構，供他玩弄於口耳或股掌之間。書中每一個多重複合子句都要求你專心地反覆誦念，才可能讀通。就在揣摩文意之際，它打斷了漫不經心的雜念，逐漸探入心靈的隱密角落。

　　它可以從任何一個觀念開始，由不同的角度，兜著圈子描述，你可能會覺得它好像不斷重複同一話題，但每一圈都讓你往下深入一點。這有點兒像是中東地區的古井，井壁鑿有一圈一圈的階梯，讓人沿壁而下取水。當人沿著井壁走時，感覺上也好似繞圈子，其實，每一圈都領著他穿越小我累積了千萬年的地層，導向生命的活泉。這活泉象徵著生命的

根源，你可稱之真神、實相或法性，都無差別。

　　另一個讓人感覺重複的原因，則是小我的伎倆說穿了，就是那麼幾招，只因它怕被你識破，故把那基本招數神通變化得讓人摸不清它的虛實。不只是初次照面，我們感到極其陌生，即使天天碰頭，也未必認出內在的「小我」究竟想要什麼。所以〈正文〉一口氣講了626頁，仍怕頑石不點頭，還要加上三百六十五課練習，才能讓我們慢慢領悟出問題究竟出在哪裡。

　　這是它和一般哲理書不同之處。它非常寫實地描述人人都經歷過的心理反應，卻不願我們把它當作理論來研究，它帶領讀者一圈又一圈地沿著井壁往下兜繞時，即已發揮了潛移默化的功效。**讀者在揣摩書中的理念時，其實就是在揣摩自己的人生。**

　　為了幫助讀者了解書中的要旨，我們試著為小我扭曲複雜的想法與邏輯拉出一個線頭，找出它的脈絡，以直線的方式描述一遍，幫助初入門的讀者一睹〈正文〉的深奧旨趣。

## 小我的誕生

　　肯恩曾說，小我整個思想體系全都建築在三個關鍵觀念上，那就是罪、咎與恐懼。罪，在此書中，並不是指任何具體的過錯或罪行，而是我們心目中以為「自己可能而且已經

」與生命本體決裂了的錯誤信念，也就是佛教所謂的「無明
」。在《奇蹟課程》中，「罪」與「分裂」幾乎成了同義詞。

　　這種理念與佛教思想極其相似。佛教亦視「分別心」為
無明之始，「三界有漏之心，以虛妄分別為自性」，由此迷
惑而流轉六道。這錯誤的知見認定自己與生命本體分裂了，
構成人心牢不可拔的罪咎之根。〈創世記〉前三章所描寫的，
亞當夏娃吃了知識樹上的果子，自以為犯了天條而害怕地躲
了起來，然後，反過身來一口咬定自己是被逐出伊甸園而流
浪人間的。這段神話般的描述，可說是心性（Mind）的淪落
與小我（ego）的誕生相當生動的寫照。

　　小我的肇始，源自我們以為自己可能與生命本體分開這
個錯誤信念，我們因這妄見而認定自己已經離開了生命的源
頭而另起爐灶，放棄了自己的「自性」（Self），自行建立
一種個別的「自我」（self），與本來一體不分的生命本體
分庭抗禮。這樣在自性也就是真我之外另立門戶的「我」，
便是《奇蹟課程》所謂的「小我」（ego）。它想盡辦法由造
物主那兒奪回生命的主權，建立自己的勢力範圍，打造自己
的活動舞台，世界便如此形成了。

　　不論我們稱之為道或神，生命的終極根源既然是「大而
無外、小而無內」的本體，我們怎麼可能自絕於祂之外？如
果生命的實相確如古今宗教所說的「一體」，我們豈能分裂

得了？我們最多只能關閉心靈之眼，夢想出一個虛幻的分立
世界。如今我們就活在這個夢境幻相裡，在可朽的肉身與無
常的世界裡尋找永恆的意義。

我們一旦相信自己真有本事逃離生命本體，與它分庭抗
禮，在心理上是不可能沒有罪惡感的，故罪與咎乃是一物的
兩面，焦不離孟。

## 罪－咎－恐懼三部曲

《奇蹟課程》提到的罪與咎，和心理學中的內疚稍有不
同，一般人所說的內疚，常針對自己所做的或未做的事情，
指向過去的某一具體事件。然而，我們所能意識到的罪惡感
至多只是冰山浮在海面上的一角，隱藏於下的才是龐然的冰
「山」；同樣的，人心所有的內疚也都隱藏在與生俱來的罪
惡感裡。

**這種內疚，說白了，就是我們冥冥中對自己的負面感受
、負面信念以及負面經驗的總和**，它可以化身為任何形式：
自我憎恨，自我否定，感到無能、自卑、失敗、空虛等等，
也就是人心內常感到「有所欠缺」或「自知不善」的感覺。

絕大部分的內疚感都是潛意識的，所以冰山的比喻十分
恰當。不論我們在人間有多大的成就，受到多少肯定，我們
仍可能認為自己其實糟糕透頂，這種身不由己的自我批判都

埋藏在我們不敢面對的心靈死角裡。《奇蹟課程》說得很清楚，內疚的最終來源不是因為我們做了某一件錯事，而是我們誤以為自己犯下了違反天命的滔天大罪，這根本的誤會使我們無路可退，孤立無援，懷著恐懼而繼續放逐，繼續分裂下去，不只與天對立，與人對立，最後甚至與自己都分裂了。

只要這種內疚感存在一天，不論藏在意識或潛意識中，我們就不可能不害怕。冥冥中總感到，自己這副德行或所做的糗事，遲早會受到某種報應的。「內疚要求懲罰」（T-26. VII.3:1），這在心理學上是必然的反應，也是人類自古以來的恐懼。不論外表上這恐懼是由哪一件事情引發出來的，追根究柢，都是源自一個隱藏的信念：我一定會為我自己的不善或過失付出代價的，所以我該隨時提防那遲早會來到的因果報應。

不論我們究竟犯了什麼罪，甚至不知道自己犯了什麼罪，只要有內疚或罪惡感暗中作祟，我們多少都會有「天網恢恢，疏而不漏」的恐懼。於是天上一聲雷，地下一陣搖，都很可能被視為一種天譴。造物主便在恐懼心態的投射下變成了「義怒之神」，舊約所描寫的神明，在震怒之下將亞當夏娃趕出伊甸園，或降天火毀滅整座城市，這都是小我因恐懼而投射出來的形象，使得「愛」與「生」的終極實相，呈現出「憤怒」與「死亡」的面容，這是內疚的人類所投射出來的神明。

## 小我的自救之道

　　如果我們認為連生命的主宰都跟我們過不去，這種人生不可能不苦的，這種世界自然成了我們受報的「業土」。然而，人類承受痛苦的能力是有限的，即使我們經驗到的內疚與恐懼只是冰山的一角，我們已經感到吃不消了。但我們既已與生命本體決裂，真愛之神成了憤怒之神，原本賦予生命的，成了討債鬼。我們已經無路可退，唯有自力救助一途。

　　於是，我們開始向那位曾經帶領我們自立門戶的小我求助：「拜託，老兄，想個辦法吧！我實在忍受不了心理的焦慮與恐懼了，救我一把吧！」這正中了小我的下懷。小我的存在本質就是一套自力救助的防衛體系，它的目的原是篡奪生命主宰的位置，故絕不會幫你徹底解決問題的。它若讓你看出人生所有的問題都是一個「誤會」，其實你從未離開生命之源，也從未失去生命的圓滿，那麼小我的存在就毫無意義了，從此也英雄無用武之地了。它需要你陪它在幻境中百千萬劫地混下去，所以，它教你兩招「障眼法」，暫時紓解一下你的壓力，那就是心理學家佛洛伊德所發現的人類兩種自衛心態：壓抑與投射。

　　在此，我們必須澄清一下，《奇蹟課程》與佛洛伊德心理學的關係。《奇蹟課程》顯然應用了許多「心理分析」的術語，但在內涵與深度上都把傳統心理學向前推進了一大步。

　　《奇蹟課程》的小我（ego）是指人類內在的整個心理結構，它包括了佛洛伊德所謂的本我（id），自我（ego）與超我（superego）三部分。故《奇蹟課程》的ego與佛洛伊德的ego在內涵上有所不同，所以我們不把它譯為「自我」，而譯成「小我」，就是與「大我」或「真我」作個對比。

　　我們都知道，佛洛伊德是病理學家出身的，他將心理病患的「壓抑」與「投射」反應分析得極其透徹，但由於他自身對宗教的反感，使他的成就侷限於病理分析，而無法深入人性或心靈的層面，開展更大的格局。他無法解釋，即使是心理還算健康的人，為什麼一樣會有壓抑與投射的自衛反應。

　　人們究竟在怕什麼？在躲什麼？在壓抑什麼？這問題到了《奇蹟課程》才算做了一個比較完整的交代。**小我所怕的是真我，它要逃避的是生命根源，它所壓抑的乃是自己的生命實相。而這才是人類痛苦的真正原因。**

## 壓抑與投射

　　小我教我們處理內疚與恐懼的辦法，就是「裝作沒這麼一回事」，把它藏在意識無法抵達的底層，佛洛伊德稱之為「壓抑」或「否認」，根本不承認它的存在。好比我們懶得清掃時，把所有的灰塵都掃到地毯下面，暫時把髒亂蓋住。又像受驚的鴕鳥，自以為逃不了時，就乾脆把頭埋在沙裡，

不去面對眼前的威脅。這些逃避現實的伎倆遲早會出問題的，地毯下積多了灰塵，就會拱起一塊，不僅有礙觀瞻，還可能絆倒我們。那隻鴕鳥如果老是把頭埋在沙裡，小命也遲早難保。

不論我們怎麼壓抑，潛意識中仍感到有個疙瘩，冥冥中知道 Something's wrong，有種說不出的難過或不安，於是我們繼續向小我求援：「你教的壓抑確實好用，可是你還有沒有更高明的方法？因為那個問題仍在我心理作祟，蠢蠢欲動，我已經壓不住了，你快想個辦法吧！」小我得意地說：「別怕，我還有一個壓箱寶，正是為你設計的。」這就是佛洛伊德所發現的另一種自衛方式：投射。

若要了解《奇蹟課程》，不能不了解「投射」；除非我們徹底明白人心是如何利用「投射」來扭曲真相而營造出三千大千世界的，否則我們不可能懂得《奇蹟課程》任何一句話。「投射」就是，你否認原本屬於自己心內的東西，硬把它推到外界或別人身上。簡單地說，當我們無法面對心理的內疚或自責時，抬頭一看或腦子一轉，一個不完美的形象便會出現於眼前，我便能振振有詞地說，我是被逼的，我是受害者，那本來不是我的問題，都是你害我不得不如此作或是你硬加在我頭上的。因此，我不該為此自責，你才是罪魁禍首，即便那痛苦或怨恨都是我自己加於其上的，也是因為你的緣故，因此你應該為我的情緒或反應負最大的責任。

　　小我只要能夠脫身，不管是誰，它都可以把心理的怨或怕投射出去，它可以投射在一個人身上，也可能投在天氣、藥物或政府身上，只要能讓它卸下心頭的重擔就好。這是小我教我們驅除內疚的不二法門。

　　「投射」在現實生活中是如此的普遍，我們已經司空見慣，根本算不上是一種秘密武器了，聖經裡甚至公然將它列為一種有效的除罪儀式。根據舊約的記載，以色列民族規定在救贖日（Yom Kippur）那天聚會，主祭亞郎將手覆在祭台旁的一隻山羊上，象徵性地將以色列子民一年來所犯的罪過轉移到這隻山羊身上，然後將山羊趕出他們的部落，這不正是投射心態最生動的寫照？「代罪羔羊」（scapegoat）一詞就是由此而來的。

## 代罪羔羊

　　《奇蹟課程》一再強調，人類脆弱的形體與無常的物質世界並非真神的創造，而是自我放逐於伊甸園之外的心靈，在充滿內疚與期待天譴的「無明妄念」中所投射出來的「涕泣之谷」。因此，我們若要找個不完美或有問題的人來接收我們的投射，背負我們的內疚的話，可以說是唾手可得。只要一個轉身，便能找到一個「代罪羔羊」，指著他（它）的鼻子說：「都是你害的！」就把那暗地裡讓我們坐立不安的燙手山芋丟出去了。

　　沒有人喜歡那種罪咎感的，即使我們把它投射到別人身上去，仍不會放過它，必除之而後快。我們會打著仁義道德的招牌而「嫉惡如仇」，處心積慮去改變他人的「不是」，他人若不就範，我們寧可玉碎，將那罪魁禍首趕出自己的生活圈子，才能眼不見為淨。

　　我們可能不自覺，當我們把過錯與責任推卸到他人身上時，這種行為本身其實就是一種攻擊。心懷怨忿或暗自批判，屬於無形的攻擊，當它演變成憤怒的言行，則成了有形的攻擊。《奇蹟課程》認為：**心中微微的不滿與一腔怒火，在本質上都是一樣的，不論所持的理由是什麼，最後的目的則是找個藉口發洩自己的內疚與自責而已。**

　　這並不是說，我們必須同意或接受他人的言行，但只要我們「忍不住」批判或憤怒時，表示我們在那人身上已看到自己內心不願面對的陰影了。現代心理學早已看出，我們把自己的內疚投射在對方身上，想要藉著攻擊他的錯誤來懲罰自己，並且藉此與它劃分了界線，以為自己從此不再受它的騷擾了。其實我們對他人的過錯念念不忘，隨時存著防備之心或是懲罰之意，在在顯示了我們不只沒有擺脫掉那個「惡」，反而更深地引入了我們的心中。

　　這種令人匪夷所思的自衛心態在舊約裡特別明顯，以色列的領袖在歷史中不厭其煩地把現實生活裡的一切分為「聖潔」與「不潔」，訂立種種繁複的禮節儀式，將以色列人民

與異邦民族保持距離，免受污染。他們把以色列所害怕的內在不潔投射在其他民族或物質環境中，這些措施，追根究柢，都是心理上的自衛與安心法門而已。殊不知這種「隔離措施」對心靈的危害極大，它徹底否認了人類的一體性，分立的心態必會投射出一個孤立的國度，使以色列世世代代都得在「異邦人」的圍剿下苟延殘喘。

到了新約時代，我們看到了鮮明的反動，耶穌帶頭打破這些規矩，他在安息日救人，與罪人同席進食，還放走了理當用石頭砸死的淫婦。他接納了猶太法律所不容的邊緣份子，反而告誡那些自以為正義有德的主流人物，不要忙著清潔杯子外面，令我們生病的常是杯子裡面的髒東西；不要擔心他人眼中的碎屑，管一管自己眼中的柱子⋯⋯。可惜這些導致耶穌被釘十字架的教誨，逐漸被歷史湮沒了，教會建立起另外一套規範與儀式，保護信徒的聖潔，與俗世分開，又掉回了舊約的心態中。

《奇蹟課程》的教誨其實並無新意，它只是用現代人的語言來發揚耶穌與佛陀的原始教義而已。畢竟，我們的問題不在外面，而是出自心理。如果我們沒有勇氣為自己的問題負責，老是把責任推到別人或外境之上，想藉著改變他人來解決自己的問題，是行不通的。我們必須學習往自己內心深處看去，找到問題的癥結，然後在那裡治癒自己，這才是根本之道。

## 小我的伎倆

　　總之，當我們向小我求助：「幫幫忙，我被自己的內疚感搞得很不好受，幫我除掉它吧！」小我立刻答覆說：「沒問題，你先把它壓抑下去，若壓不下去，就把它投射在別人身上就行了，那一旦成了他的問題，你就不會坐立不安了。」小我絕不會告訴你實情：你投射出去的，不只對人是一種侵犯，而且還會加深自己的內疚。

　　小我狡猾無比，它知道只有自卑與內疚才能杜絕我們回頭向生命之源求救的希望，當我們感到無路可退時，只好接受它的帶領，繼續在世界中混下去。因此，我們若想轉變過去的生存模式，必須先看透小我是怎樣利用內疚來洗我們的腦子，控制我們的想法，讓我們「不得不」作出許多令自己懊悔又於事無補的行為。

　　內疚對小我有「致命的吸引力」，只要分析一下小我的本質，我們就不會覺得奇怪了。為什麼小我想盡辦法勸誘我們使用「壓抑」與「投射」的手段？只因它本身只是一套錯誤的信念，並沒有存在的實質，唯有讓我們徹底放棄那圓滿的生命根源，它才有一展鴻圖的機會。

　　換句話說，小我就是我們誤以為與生命根源分裂後所衍生出來的一個無明妄念，由於它掌控了我們其他的念頭，慢慢形成了一個虛妄的主體——小我，也可稱之為假我（與真

我對立）。因此，只要我們相信自己是一個孤立的個體，活在脆弱的身體內，小我就能發揮它呼風喚雨的大能；我們若悟出自己並未離開那生命實相，小我的生涯就結束了。

小我確實是虛無，它只活在天人分裂的幻境中，不斷提醒我們的「不是」與「罪過」，要我們隨時提防由天而降的報應。它最難接受的就是「我們原本是純潔無罪，百害不侵」的說法了。外表上它崇拜神聖純潔的人，並把自己的夢想投射在它的偶像身上；暗地裡，小我最喜歡「挖糞」，它不相信「完美」的存在，不惜扭曲或投射，也要找出那人的罪狀。《奇蹟課程》有句話說：「純潔無罪就是有罪。」小我最幸災樂禍的就是揭發名人的隱私，以證實它的信念：我們不過都是一丘之貉。

小我當然不會讓我們知道，它若想要操縱我們，必須抓緊我們的內疚作為控制我們的把柄，所以它故意教我們一套行不通的辦法：用「否定」把內疚藏到意識下面，壓不住時，便用「投射」暫且把內疚趕到外面去。當我們一把問題投射到外面以後，我們便無法忍受它的存在，必會加以修正、攻擊或懲罰，感到自己是個道道地地的受害者。這一連串反應其實都是同一回事。我們一發動攻擊以後，不會不害怕對方的反擊的，於是又忙著自衛防範，更沒有閒暇去看清問題究竟出在哪裡了。

## 惡性循環

　　心理學有一條金科玉律：只要你攻擊他人，不論埋藏在
心裡或發之於行動，你必會感到內疚。人類不可能傷害別人
而沒有內疚的，最多只能壓抑一時。例如一些變態的殺人狂
，可能已經麻木不仁，失去了罪惡感，但根據犯罪學家的分
析，這類殺人狂通常都有自我毀滅的傾向，為什麼？因為他
們在心靈深處知道自己罪孽深重，無藥可救。

　　這是小我高明之處，它樹立起內疚與攻擊的循環體系，
我們的內疚愈深，便愈需要找個代罪羔羊，以為只要讓他來
接受懲罰，我們就能心安了。然而我們攻擊對方以後，卻發
覺內疚反而加深了，因為冥冥中我們心裡有數，問題不在對
方。至此，我們仍然不敢質詢小我的得意妙招，繼續接受它
的慫恿，以各種辯護、批判和攻擊來為自己脫身，於是內疚
生攻擊，攻擊生內疚，就這樣循環下去了。

　　難怪《奇蹟課程》一針見血地說，**推動物質世界運轉的
不是愛，而是咎，認為愛才是現實世界的動力的人，可能從
未好好正視過小我的真面目**。真愛只存在於天堂裡，它的倒
影反映在世間時，已被內疚與恐懼扭曲成有條件的愛了。真
正操控著世上個人與社群生活的，是咎，而不是愛。

　　繼「內疚─攻擊」之後，隨之而起的是另一個惡性循環
：「攻擊─自衛」。其中的道理實在不難了解，不論我們為

自己的攻擊辯護得多麼理直氣壯，心裡難免有些「心虛」，因為我們潛意識裡明白真正的原委，於是我們開始害怕別人的反擊。

我們不都有過類似的經驗？當我們在心中批判或怨恨某人，即使未發諸行動，此時，一看到對方，自然會緊張起來，害怕對方的惡意或報復，戒懼與防備之心便升起了。何況我們既不願承認自己有問題，那麼問題一定出自對方，他一旦變為「惡人」，我們就更不能不加以防備了。

於是「攻擊—自衛」的循環就開始了。在我發動攻擊的同時，便已佈好了防衛的陣勢。攻擊必然令人害怕，有時不得不先下手為強，「假想敵」變成了真實的威脅，更證明了小我的「防人之心不可無」的心態，才是最實際的處世原則。

二十世紀的核武競賽不正是上述原則的最佳寫照？我們都不願去看其中的瘋狂，卻用「人在江湖，身不由己」的一歎為自己卸責。《奇蹟課程》卻一針見血地指出：「防衛措施所做的，正是它所欲抵制的。」（T-17.IV.7:1）也就是說，防衛措施本來是為了消除我們的恐懼，結果卻使生活變得草木皆兵而更加害怕，也更深地勾起了我們潛意識中認定自己是不好的、該罰的、該害怕的心態。於是，愈防衛便愈害怕，內疚愈深就愈忙著防備，這不正像是咬著尾巴打轉的小狗，忙得無暇去反省其中的荒謬。

　　〈學員手冊〉第153課的練習即是：「不設防就是我的保障。」活在小我中的人不可能不自衛。能夠不設防的人，多少都已體會到一點兒自己「百害不侵」的真相了；唯有看到生命凜然不可侵犯的根源，我們才不需要保護自己，因為我們了解「真理無須我們的保護」。

## 內疚與憤怒

　　在小我的世界裡，「內疚—攻擊」與「攻擊—自衛」兩大惡性循環，使我們身陷苦海，難以自拔。這在〈創世記〉中描寫得很生動，亞當夏娃在伊甸園一向赤身裸體，從未感到羞愧過，直到他們違犯了上主的禁令，吃了禁果，一切都變了。「吃禁果」不過象徵了亞當夏娃的一個錯誤認知，他們以為自己可能做出違反造物主旨意的抉擇，這錯誤的一念便成了滋生小我的溫床。他們開始感到羞愧，無法接納自己本來的模樣，急著用樹葉來遮蔽自己的私處，這種舉止象徵著小我有意遮掩內疚的企圖。

　　然而，愈躲愈心虛，當他們聽到上主的召喚時，不僅不高興，反而嚇得躲到樹叢裡，因為內疚期待著懲罰。當他們自知無處可逃而不得不與上主對質時，亞當便把自己的內疚投射給夏娃，夏娃又把責任推給身邊那一條蛇。我們不難由這故事看出一個端倪，在小我的世界裡是沒有恩典與寬恕的，亞當夏娃如此肯定自己會受到懲罰，不肯浪費一點時間去

請求寬恕，立刻施展自衛的本領，希望身邊的人來代他受罰。

　　憤怒在小我的自衛與攻擊中扮演了相當重要的角色，憤怒才能使我們理直氣壯地歸咎或攻擊他人。每一個人的世界裡都少不了一些讓我們「不能不」生氣的人物或事件，因為我們急需「敵人」來投射自己內在的不安與不是。不待高人指點，我們很自然地會把周遭的一切分為「好人」與「壞人」，這好壞不限於人類，它可以是個政黨或是一個球隊，甚至某個宗教，而且壞人的角色通常遠比好人更為重要。連政治家都明白「壞人」的大用，每當內政發生問題時，就會趕緊製造一個外敵來紓解百姓的不滿與憤怒。好萊塢的電影裡，壞人受到報應永遠是電影的高潮，贏得觀眾的喝采。這就是《奇蹟課程》所謂的「愛與恨的特殊關係」。

　　有意修行的人，必須識破小我的這個把戲，認清我們是如此需要找出「壞人」來轉移自己對內疚的不安，我們需要一個恨的對象來投射自我憎恨，於是恩恩怨怨的人際關係就這樣形成了，《奇蹟課程》稱之為「特殊關係」。因為此類關係的背後都有種不可告人的特殊需求或目的，不論在外表上顯示出來的是「愛的表相」或「恨的表相」，所帶給我們的結局通常都是一樣的：憤怒、怨恨及攻擊。我們只需反省一下自己的人際關係，便會發現自己對所愛的人發怒，在次數上或密度上往往都超過一般的朋友；我們如果誠實的話，也會發現「愛的關係」所帶給我們的麻煩與痛苦可能更甚於「恨的關係」。為什麼呢？

## 特殊關係

我們曾強調過小我的精明，它知道「恨」的意識必會帶給自己不安，而我們的承受是有限的，因此小我又傳授給我們另一高明的招數，教我們將「恨」偽裝一下，把它打扮成「愛」的模樣，與人建立起「親密關係」，如此才能予取予求。

這一詭計是如此的陰險詭異，《奇蹟課程》在〈練習手冊〉與〈教師指南〉中根本無法講清，所以乾脆不提；在〈正文〉裡，也等到講了十五章以後才敢正式進入這一主題，而且一口氣用了九章的篇幅反覆來回地描述人間掛羊頭賣狗肉的「愛」。

「愛的關係」之所以令人難以認清其面目，即在於它表現得可歌可泣，骨子裡卻是另一回事。我們心中若氣某一個人，那個憤怒是難以掩飾的，我們遲早都會看到自己的「瞋心」而感到愧疚。但「愛的關係」正好相反，它說的與想的完全是兩回事，它的基本動機與「恨的關係」一模一樣，都是為了消除內心的罪惡感與自我憎恨，只不過這回它披上了一條「愛的面紗」，其實，它的運作原則與後果和「恨的關係」同出一轍。

讓我們分析一下小我如何打著「愛」的名義，想要消除自慚形穢之感，結果卻因愛而生恨，加深原有的內疚。首先，我們解釋一下什麼是「特殊的愛」，我們在前文中曾經提

到內疚的內涵，其中一個重要的因素即是「匱乏感」。我們不只感到而且認定了自己內在有所欠缺，不得不向外尋求彌補，那正是構成特殊之愛的基本動力。

匱乏感不斷提醒我們，自己是不圓滿的、不完整的，內心才會產生種種需求，這種自慚形穢實是內疚的根本因素。由於我們一直在小我先天的誤導之下，認定自己已被生命之主所遺棄，成了過河的卒子，無路可退，只好繼續向小我求援：「幫幫忙吧！我感到自己好空虛，無意義，那種失落實在難以忍受，你一定要幫我想個辦法。」小我馬上義不容辭地伸出援手：「沒問題，我還有一個絕招！」然後，小我順勢踹我們一腳：「你說的一點兒也沒錯，你真是一個可憐蟲，這是無法挽回的事實，你確實失落了生命中最重要的東西。」

小我當然不會告訴我們實情：我們自以為失落的，並不是什麼靈魂伴侶，而是生命之源，祂從未遺棄過我們，只要我們肯回頭，一切問題就解決了。小我最怕我們看到這一真相，想盡辦法將我們導向相反的方向。它不斷附和我們的失落與匱乏感，而且強調這是無法改變的生命現實，唯一的解決辦法，就是向外尋找替代品，借用他人或他物來彌補內在的空虛。

「特殊之愛」的關係便如此形成了：我心內有種特殊的需求，不是生命本身能夠滿足得了的，當我看到了你，發現你身上的某種特質正是我所渴望的，於是你在我心目中變成

了「眾裡尋他千百度」的情人。於是，我會使出渾身解數隱藏自己的缺點，凸顯你所喜愛的優點來爭取你的青睞，如果我的表現正好也滿足了你的需求，我們便成了世人眼中的「天作之合」。

若由靈性的角度來看這一場追逐遊戲，人間的愛情確實扭曲了真愛的面目，它只是不擇手段地利用對方來填補內在的空虛或無價值感。「特殊關係」會使我們更加依賴對方而迷失自己。如果雙方都能善盡自己的義務，演出對方為自己設定的角色，這關係才能維繫下去。

**「特殊之愛」也能投射在物質上，人們可能利用酒精、金銀財寶、社交地位，甚至宗教信仰來彌補自己「一無是處」、「一無價值」的空虛感。**不論我們是找人彌補或是戀物來彌補，都是同一回事。《奇蹟課程》指出，向外尋求某人或某物來彌補生命的需求，所帶來的遺害遠超過表面所看到的一些恩恩怨怨。它的骨子裡其實是一種「偶像崇拜」，不只褻瀆了生命之主，也糟蹋了祂的造化，因為我們把原本神聖的屬靈生命當作一樣東西來佔有或玩弄。

應知，我們失落的是心靈層次的東西，沒有任何有形之物能夠取代得了的。小我聲稱，這種「親密關係」能填滿我們的空虛，消除內在的罪咎，其實，它所玩的不過是罪惡感的遊戲（guilt trip），來博取對方的愛憐與奉獻，這類遊戲往往為情人帶來了更深的怨與咎。

## 愛的代價

　　我們在此不妨舉出三種例子來顯示小我「欲蓋彌彰」的手法。第一種形式是，我有某種需求，你的出現正好彌補了我的空虛，我把你拉進自己的生活內，以為心頭大患從此消除了，其實你的存在恰恰成為我的缺憾的象徵。在意識的層面，你是愛的形象，在潛意識裡，你其實代表了我所匱乏之物。我原本希望這個愛能夠提昇自我形象，使我不再感到缺乏，沒想到，你的優點反而讓我更清楚自己的不足，我怎能不對你愛恨交織呢！

　　我們不妨再打個比喻，想像我們的心好比一個玻璃杯，杯裡充滿了渣滓，象徵自己的缺點與內疚，我們不願天天面對它，只想找個東西把它蓋起來。我的如意算盤是：只要我能找到一個合適的蓋子，就能把那內疚鎖在潛意識裡，假裝它不存在。於是我四處追求，終於在千萬人中找到了「你」，唯獨你能夠蓋住我的杯子，我以為自己從此便可擺脫內疚的糾纏了，誰知，我每天一看到那個蓋子，它就提醒了我蓋子下面所藏的東西，即使我可能想不起來那是什麼東西，但看不清楚面貌的陰魂更加可怕。我愈想扭緊蓋子封死它，心裡更顯得無名的慌亂。「特殊之愛」就是那個蓋子，這種愛不可能不引起恐慌與怨忿的。

　　第二個「欲蓋彌彰」的道理，便是所謂的「猶太母親症」，或是「中國寡母症」。一位母親在傳統的男性社會裡，難以認出自己生命的價值，很容易便把全副精力投注在兒女身上，藉著兒女的聽話、成就與感恩來遮掩自己匱乏與空虛的自我形象，於是兒女便開始扮演那個不潔之杯上的蓋子。

　　然而，孩子也是個獨立的生命，不斷成長變化，逐漸找到了自己的喜好與理想，游離出母親為他設計的理想天地，那蓋子就開始鬆動了。母親眼看著蓋子下面的陰魂就要冒出來了，便會施展出所有的伎倆讓兒女就範，最常用的一招還是「罪惡感的遊戲」，她會哭訴自己所做的犧牲，所付的代價，讓兒女覺得虧欠而回頭繼續扮演父母為他安排的角色。

　　兒女內心若無法化解這個內疚，只好乖乖就範，於是蓋子又擰緊了，危機暫時解除。如果兒女拒絕參與這個遊戲，父母常會由失望轉為憤怒，教訓這個「不肖子」，辜負他們的一番苦心，先前的愛就開始變質了，這乃是「特殊之愛」的必然結局，即使血濃於水的親子關係有時也逃不出這一窠臼。

　　在第一個例子裡，我們表面上很愛自己所依賴的人，私下卻含有無奈的怨，因他的存在提醒了你的缺憾與匱乏，使你更加沒有安全感。第二個例子裡，你若不能滿足我心中的需要，連骨肉之親也會轉愛為怨。

　　在親密關係裡，對方若不想再作那個「蓋子」時，我們就會覺得被辜負了。壓抑不下去的憤怒，常常演變為同歸於盡的愛情悲劇，我們幾乎每天都可在報紙上看到。如果我們還看得開，失意一陣以後，便會鼓起勇氣尋找另一個蓋子，一次一次的婚姻，以不同的形式重複演出同一齣戲，直到怨忿與痛苦將我們逼向死角，突然靈光一閃：「也許這是我自己的問題」，決心去面對自己的心理障礙，化解以前尋求彌補與發洩的衝動，那麼「特殊關係」才有轉化為「神聖關係」的可能。

　　小我掩飾內疚的第三種心態，我們在「特殊之愛」與「特殊之恨」中都會看到。不論我是利用你來發洩憤怒或是彌補需求，你都已被貶為一個道具，我根本不在乎你是誰。我既然看不出自己的價值，當然也不願去看你的生命目的。你的價值完全繫於你是否能滿足我的某種需求而定。我們都是天涯淪落人，不能不相濡以沫。彼此利用一下，成了人類的「生存法則」，無可厚非，這一藉口好像能夠減輕我們內心的愧疚感。

　　《奇蹟課程》卻說，只要我們懷有利用他人之心，基本上對他就是一種侵犯或攻擊，我們否定了對方的神聖性以及他此生本有的使命，我們企圖篡奪生命主宰的地位，把對方塑造成自己期待的樣子。因此，在小我的自衛措施裡，「特殊之愛」是最高明的一招，比「恨的關係」更具殺傷力。開始

時它喬裝為如此美妙神聖動人的愛情，令人難以抗拒，然而，無須多久，它便伸出了利爪，設法吞併對方，情場便成了戰場。

在「特殊之愛」中，總有一方要付代價的；由於雙方都是以犧牲與交換來誘使對方獻身，不可能不錙銖必較，因此它的佔有性以及排他性都特別強烈。我們若以「量」的方式來衡量自己的付出與獲得，那麼，「給予」無異於「失落」，難怪這類愛情不論在婚姻、親子，朋友或師徒之間，常常充滿了嫉妒與鬥爭。

**佔有之愛令人自咎，排他之愛令人孤獨，忙了半天，沒想到我們又掉回原來的「不好」與「不足」的深淵裡**。看清了這一點，我們才會恍然大悟，原來小我帶著我們兜了一圈，最後還是想把我們扣留在原地。

自古修行都設法躲開紅塵的情緣與恩怨，由於它確實會掀出我們潛意識的業障；然而也正因如此，往往它也成了我們修行的逆增上緣。《奇蹟課程》有句名言：「**每個錯誤必須在它發生的層次上就地修正。**」（T-2.IV.2:3）因此修道人避之有如蛇蠍的滾滾紅塵與情仇恩怨，都成了《奇蹟課程》要幫我們轉識成智，扭轉乾坤的絕佳道場。

# 寬恕能解千古恨

　　「予豈好『怒』哉，予不得已也！」這是小我常常用來自我解嘲的口頭禪。然而《奇蹟課程》卻說，任何憤怒都沒有立足的餘地，因為真正的問題不在於外界的不完美，而是因我們無法面對自己的「不是與不足」。

　　一般的修行理念著重於行為的控制與心念的糾正，卻很少觸及在我們思言行為背後作祟的心結——內疚。近代心理學最多也只能把心理病徵歸咎於過去的某個事件，也許是自幼未受到父母的重視，也許是求學階段受到老師的羞辱等等。但心理學卻很難解釋清楚，許多受父母疼愛的孩子或是在學校名列前茅的資優生，一樣會懷著「自己不夠好」、「有所欠缺」的內疚而馬不停蹄地打拼，必須要證明自己什麼似的。

　　我們這才明白，內疚可能是人類的「共業」，埋藏在我們的潛意識裡，這個心結不解，僅在言行上糾正或管制，不僅不會帶來幸福，可能還會為了遙不可及的幸福許諾，付出「艱苦一生」的代價。

人類的潛意識裡，既然已經夠自慚形穢的了，顯然，**小我是「打」不得的**；然而，眼見著它終日為了假想敵，盡作傷人不利己的事情，**我們也「捧」它不得**，於是，只剩下一個可能性，便是冷靜面對而不與它共舞。就像對待一個情緒發作的孩子，來一段暫停（time out）的緩衝時間。

## 兩種放映機

《奇蹟課程》用了很多篇幅讓我們看清「內疚—攻擊—防衛」整齣戲的荒謬虛妄。唯有認清它並沒有如其許諾地帶給我們幸福，我們才可能甘願一點一點撤除自己對它的依賴，而另就高明。

《奇蹟課程》所提供的「另一條出路」，我們可以稱之為聖靈、佛性或正見，為了與「小我」唱對台戲，我們用人格化的「聖靈」這一稱謂，更可顯出戲劇性的對比。

聖靈所教的化解內疚的方法，極其高明，它是「以其道還治其人」。小我利用投射使我們感到罪孽深重而落入更深的內疚；聖靈則利用同樣的投射，來解除內疚。我們不妨把投射想成一個電影放映機，我們心裡不斷反覆放映的正是我們前半生說錯的話、作錯的事、他人對我們的批評等等。我們把這套內疚影片投射在正在上演另一齣戲的螢幕上，我們在這些人物身上看到了自己投射上去的陰影，於是我原來感

到內疚的，立刻顯示為對方的問題了。

　　我們為什麼會作這種事情呢？我們在前一章已經解釋過了，只因小我向我們保證，這是擺脫心中內疚的唯一辦法。結果，事實正好相反，它讓我們吃盡苦頭。聖靈卻知道如何利用這個投射來反「將」小我一軍，幫我們由內疚中脫身。

　　「知道自己不夠好」是人類共有的心病，但很少人有勇氣去面對它，我們只是「不知道為什麼」拼命地表現或辯解來肯定自己。我們從不去追問：為什麼需要辯護或肯定自己呢？我在遮掩或彌補什麼呢？這個問題有如潘朵拉的盒子，只怕一掀開就不可收拾了，所以我們寧願忙著亡羊補牢，也沒有勇氣揭開這古老的瘡疤。

　　內疚的陰影雖然與我們如影隨形，我們故意視而不見，或存心誤解為其他問題，甚至扭曲成其他「人」的問題，聖靈就在這個節骨眼上，傳授我們「用另一種眼光來看待這一件事」的訣竅。祂教我們認清，我們在他人身上看到的「罪咎」，乃是自己一直不敢面對、又壓抑不下而投射出去的「內疚」。如今，透過那人，問題總算呈現在我們眼前了，我們的眼光若能由他人的錯處收回，而正視自己的情緒反應，這問題便有了一個轉機。《奇蹟課程》把這「看」的智慧發揮成整套的「寬恕靈修」。

## 寬恕的真諦

　　若要了解《奇蹟課程》的寬恕，必須先徹底了解它的形上理念架構，才不致誤解為「原諒他人的過錯」。**寬恕乃是藉著收回自己在他人身上的投射，而解除自身的內疚。**因為，我既已把自己無法面對的內疚，投射在你這張螢幕上，於是你的問題給了我一個面對它的機會，讓我得以由不同角度重新去看。我願意當作沒事地寬恕你身上「顯示出來」的罪過，那其實正是我暗地裡不斷怨怪自己的罪和咎。雖然你外表犯的過錯和我過去所犯的過錯可能大不相同，但所感受到的卻是同一個內疚。因此，當我決心寬恕自己在你身上「看到」（投射）的罪與咎時，我其實是在寬恕自己。

　　整部課程的要旨在此一覽無遺：我們都會身不由己地將壓抑不住的內疚投射在別人身上，因此當我決心放下小我的攻擊與懲罰，而轉用聖靈的眼光重新去認識對方，這一慧見同時治癒了我對自己的批判心態。我既然已經習慣將自己內在的陰影投射在你身上，罩住你的自性光明，當我下定決心不再看那陰影而直接肯定你不滅的自性光明（基督）時，我就等於再次重申自己的光明本性，這個光明不只照耀著你，也照耀著我，我們擁有同一光明，這就是寬恕的真諦。

　　由此推之，我們理當感謝身邊每一個人，尤其是找麻煩的，令人嫌惡的，讓人避之猶恐不及的冤家。由修行的角度來講，他們是「上天所賜」、供我們投射、供我們看清，也

供我們重新作一選擇的恩人。若非他們的存在，我們便難以
覺察自己壓抑下去的內疚與憤怒，也會因此錯失了排除心理
障礙、迎接愛與平安到來的機會。

　　總之，我們寬恕自己以及解除內疚的唯一途徑，便是寬
恕自己在別人身上看到的過錯。**寬恕了他，就等於寬恕了自
己。這幾句話，已足以道盡《奇蹟課程》的思想精華了。**然
而，《奇蹟課程》為了把學生引到這一結論，它已經苦口婆
心地說了一千兩百頁。

## 寬恕的第一要訣：收回投射

　　至此，我們可以把寬恕的過程總括為三個步驟。首先，
我們必須承認自己肉眼所看到的問題，並不是外在的問題，
而是自己心裡的問題，那是自己的放映機裡面的底片。所以
我們沒有「憤怒」的藉口。憤怒的反應通常只是一種聲明：
那不是我的問題，而是你的問題，所以我設法改變的是你，
而不求改變自己。

　　「收回投射」的原理就是「解鈴還需繫鈴人」。憤怒反
映出內疚，內疚反映出我們心中「天人對立」的失根狀態，
這是一切問題最後的癥結，也是痛苦的真正原因，我們必須
問對了問題，才可能找到正確的答案。

　　因為答案就在問題發生之處，我們只要認出了問題之所在，必會同時看到答案的。人類與生俱來的恐懼與期待，都源自於「我們是被遺棄於人間的孤獨個體生命」這一基本信念。而聖靈的答覆卻是：「孩子，你看清楚吧！你是不可能離開我的，我們從未分離過，我一直為你守護著你的完美本質，等著你來認取自己的天賦遺產呢！」

　　然而，小我豈會輕易讓你聽信聖靈的聲音？你若由祂那兒找到了「真我」，小我不就無立足之地了嗎？它會想盡辦法扭曲你的想法與看法，讓你相信問題真的都在外面，也許是父母、老師、朋友、配偶、孩子、總統……也許是股票、氣候，最後還可以把問題推到神明或命運的身上。

　　這是小我的慣用伎倆，也是我們流轉六道，難以超脫的原因，我們不敢面對問題的根本原因，生生世世都在忙著為問題的「後果」亡羊補牢。我們既已把問題推到自身之外，我們便成了束手無策的受害者了。

　　由〈學員練習手冊〉第79課與80課的主題「願我認清問題，以便對症下藥」，「願我認清自己的問題已經解決了」，不難領會《奇蹟課程》令人瞠目以對的答覆。**人類只有一個問題，就是「我已經由生命本體分裂出來了」的信念，以及由此而生的「我有問題」（Something wrong about me）的內疚，三千世界與六道輪迴都是由此無明妄念而引發出來的。**而聖靈悄悄地向我們保證，這一切都不曾發生過，故它

的後遺症也不存在，我們可以放下無謂的彌補與自衛了。因此，把「向外逐馳」的箭頭扭轉回來，承認那是我的誤解，需要寬恕的是我自己，這是寬恕的第一步。

## 寬恕的第二要訣：認清自己設計的生命程式

寬恕的第二步，也是最難的一步，我們會不惜用任何手段來逃避這一挑戰。它要我們打開自己的放映機，看一看自己的底片，或是調出自己設計的生命程式來瞧一瞧。若非內心對自己百般挑剔與嫌惡，令自己心虛不已，我們豈會那麼緊張地為自己掩飾或辯護？甚而不得不將世界分割為「好人」與「壞人」兩部分，終日忙著應付外在的問題，以至於更沒有時間與精力來處理「自我嫌惡」的內疚心理了。

應知，我們每一個想法或反應，基本上都是一個選擇或決定。在第一步裡，我的憤怒表示我決心把自己的問題算在別人的帳上。在第二步裡，憤怒透露了我暗地裡承認自己確實有問題，需要自衛，否則是難以安心的。扭轉的方法便是反其道而行，〈學員練習手冊〉的要旨即是教我們看出自己的光明本性，同時認清自己一味護衛的小我形象並非真實的自己。

若要做到這一點，我們必須先正視自己的內疚，敢對自己說：「這不是真正的我。」若要做到這一點，我們必須能

夠面對別人的「罪過」而說：「你也不是我投射出來的形象，你是完美的創造。」

人們對《奇蹟課程》有一普遍的誤解，常常只看它對人性的讚美與肯定。它好似說：我們既然從未失落天堂，現在只是一場噩夢，只要回心轉意接受實相的恩典，便天下太平了。《奇蹟課程》確實說過，這個課程極其簡單（simple），但它從未說過，這是很容易的（easy）。反之，書中多次警告我們，放下內疚的過程中是非常可怕的，所有的焦慮、抗拒與衝突都會排山倒海而來。

但，若要擺脫小我，我們不能不誠實地面對自己的內疚與恐懼，因小我就是內疚與恐懼的化身。新約中耶穌曾經說過：「除非你背起自己的十字架，否則你不配作我的門徒。」背起自己的十字架就是接受內心的罪咎與恐懼，如此才有超越小我的可能。

經歷過這一挑戰的人，常會感覺到自己好似活生生地被剝了一層皮似的。〈學員練習手冊〉第196課「我只可能把自己釘在十字架上」，描寫了這扭轉過程中刻骨銘心的痛：

> 在某一刻，你的心靈似乎完全被恐懼所擄獲，
> 簡直沒有脫身的希望。你明白了，你害怕的原
> 是自己……你覺察到自己內有個兇手，欲置你
> 於死地。（W-196.10:1~5;11:1）

## 寬恕的第三要訣：交託給更高的智慧

　　《奇蹟課程》絕不要求我們舉起慧劍把小我痛宰一番，這反而會讓最愛玩苦肉計的小我得逞。因此，**它只要求我們發出一個小小的願心**，**真的願意去正視一下自己的內疚問題**，並且承認這都是我們自己一手編織出來的一場夢，只需這一個願心，便足以引來宇宙中一切的助力。

　　內疚的心否定了我們是完美且不朽的創造，否定了我們的生命是出自於愛，使我們不得不與小我認同，那麼，**我們怎麼可能期待小我除去小我？** 此刻我們需要第三者介入，幫我們暫時脫離小我的控制，這第三者便是「聖靈」，我們若寧願稱之為上天，佛陀，或大我，都無妨。

　　這一說法隱藏著很大的弔詭，當我們與生命根源一體不分之際，聖靈正是我們的靈性生命，它不是上主與我之外的「第三者」，它是真正的「我」。但在天人分裂的夢境裡，上主已被打入了冷宮，祂的代言人聖靈也被壓到潛意識裡，成了隱而不現的良知，或是久遭遺忘的菩提心性。

　　這既是我們過去所做的錯誤決定，若想再度把它喚出來，有待一個新的抉擇，主動邀請它前來取代小我「內疚—攻擊—防衛」的思想體系。於是聖靈便好似成了「第三者」，西方甚至賦予它「人格性」（personality），其實，「呼求聖靈」與「發菩提心」或「回歸自性」，根本就是同一回事。

　　因此，我們在第三步裡，向聖靈表達自己的心願：「我不願繼續活在內疚中，我願將它交託給你。」只需一句話，就可以把這燙手的山芋拋給聖靈。這一步驟看似簡單，卻大有玄機；我們若真能交託出去，問題當下就消失了，因為在聖靈的慧見下，我們根本沒有犯什麼滔天大罪，也無須感到內疚，所以問題在祂內早已解決了。我們之所以感受不到平安的果實，是因為我們在自己與聖靈之間豎起了一道鐵門。鐵門的鎖匙是設置於我們這一邊的，我們的交託好似拿出一把鑰匙打開鐵門，邀請祂進來。換句話說，祂早已把問題解決了，只是等待著我們的接受而已。我們交託的「小小願心」便成了解決問題的關鍵。

　　我們也許會想：「這還不簡單，我才不希罕那讓我坐立難安的內疚哩！巴不得把它拋得愈遠愈好。」事實上，當問題發生時，那把鑰匙不知塞到哪裡去了，我們甚至忘了這把鑰匙的存在。請神出駕，並不等於交託，因為我們心裡繼續分析、評估，繼續情緒反應、繼續思考如何應付……。嘴上交託，心裡其實把「我」的問題抓得緊緊的，認為只有「我」才知道如何解決。我們不都有類似的經驗？想要交託出去，心裡卻百感交集，雜念紛飛，聽不到神明的示諭，便開始怨怪神明不靈，袖手旁觀，更加肯定了「一切唯有靠自己」的信念。

　　因此，交託出去之後，我們必須靜得下來，才能聆聽聖靈的聲音（亦可稱之為某種靈感或智慧），讓祂為我們做出真正的決定。由此可知，我們必須先將小我解除武裝到某一程度，才可能學習交託的。交託不是無為，而是小我逐漸化解以後，我們對生命自然形成的信賴。

## 總　結

　　至此，我們不妨把上述寬恕的三步驟再度綜合一下：

1）開始憤怒時，能夠承認問題不在外面，而在自己的心裡。

2）我心裡的問題是我根據過去的經驗而營造出來的，如今發個小小的願心，將它釋放。

3）不再聽信小我的解決伎倆，全盤交託出去，使自己成為聖靈施展奇蹟的工具。

　　這三步驟看起來簡單容易，卻是一生的功課。有些讀者開始做〈學員練習手冊〉時充滿了抱負與期待，以為自己好好做完三百六十五課練習，就會享受到天堂的平安或極樂，直到讀到最後一課：「這個課程只是一個起步，而非結束。」才大呼上當。

〈學員練習手冊〉的目的只是將我們帶上正路，重新與聖靈（或菩提自性）連線。從此以後，不論發生什麼事情，都成了幫我學習與祂一起建立正見的機會。

內疚是娑婆眾生的基本業障，它根深柢固而且無孔不入，我們不可能一次將它斷根，所以才需要一生的歷練，透過種種的關係與事件，一點兒一點兒去化解，免得招架不了。一時尚未學好的課程，必會化為其他形式出現在你生活中，再次給你重修的機會。

總之，周遭的人與事乃是聖靈送來的「恩人」，陪我們回返天鄉的。他們絕非前來討債或懲罰我們的，而是「救贖計畫」中不可缺的一部分，給我們機會化解隱於心中的內疚（guilt），學習活出「心安理得」（guiltless）的本來境界。

## ⎯⎯ Q & A ⎯⎯

### ❖ 為何《奇蹟課程》顯得這麼難讀？

Linda Carpenter 答：幾乎每位初次翻閱《奇蹟課程》的讀者，都對這本書望文生畏，尤其是最初幾章，讀了半天好像什麼都沒讀進去，沒多久，就把書擱下了。這種感覺絕不限於你們華文讀者，世界各地讀者都有類似的反應。

　　究其原因，其實很簡單，《奇蹟課程》的目的就是要把我們推出現有的意識層面與信念架構之外，否則，我們老用舊思維來詮釋新思想，就像「舊皮囊盛新酒」的比喻，最後皮囊與美酒兩失，還不自覺。唯有將我們暫時引開自己熟悉的意識狀態，我們才可能向另一種更深的思維開放。

　　入門時，確實不易，但我們在學習人間的新知識或新技術時，不都得放下自己舊有的一套，熬過最初一段的扭轉過程？就以學外國語或電腦技術為例，我們必須放下慣有的思維方式，才可能學會其他的語言或電腦技術。

　　世間的學習，常因我們能夠預見學習的成果，才肯投入時間與心力，而且，我們知道那是可能達到的目標，因為我們在其他人身上已經看到了令我們羨慕的結果。然而，剛接觸《奇蹟課程》的讀者，通常不太清楚這本書究竟要把我們帶到哪裡去。即使身邊有些修成正果的奇蹟學員，除了覺得

他很好以外，我們也不會看出他有何特殊之處，因此，我們缺乏一些有形的憑依，於是，我們心識的限度一被書中的觀念「拉扯伸展」得變形時，便打退堂鼓了。

我們唯一可以倚賴的，只是當我們跟著練習，從不同的角度去看事情時，日常生活所發生的一些微妙而正面的轉變，如此而已。除此之外，我們只能聽信作者自己的見證，他就是由此途徑修成正果，甚至被人奉為神明的；其實，只要願意嘗試，每個人都能達到與他相同的境界的。

這一課程之所以顯得與我們過去所學的那麼不同，還有另一個理由，就是：永恆的靈性開始用有限的人類文字，打入我們封閉而陳腐的意識之中，由於它不採用人間的思維邏輯，即使用我們所熟悉的詞彙，卻指向另一種內涵，使我們感到陌生。

作者深知此書的挑戰性，以及讀者內心可能激起的抗拒，所以他在〈學員練習手冊〉一開始就教我們：你根本不需要去了解它背後的深意，只要跟著每一課去做就行了。只需具備一點願心，願意跟它試試看，慢慢地，便能領會這一套理念背後積極的能量，以及轉化生活的神奇經驗了。

起了一個頭以後，後面的學習就愈來愈容易了。

《奇蹟課程》本身不是真理，它只是開啟我們心靈的工具，為的是引我們進入那超乎文字的「聖愛經驗」中。

　　開始時，我們確實需要一點兒願心與耐心，跨越前面幾章的文字障，但只要你肯用學電腦或語言的那一點用心，來練習這個課程，我相信你這一生不只會變得美好，還會好得超乎你想像呢！

《奇蹟課程》從不要求它的學生在世間成就某種「境界」
，它只要求一點點的「願心」，願意面對自己作繭自縛的
真相，願意放下那帶給我們痛苦的想法，願意嘗試「另一
條路」，便已綽綽有餘了。

# 5

# 〈學員練習手冊〉導讀

## 心靈的復健課程

　　《奇蹟課程》所提供的思想體系，顛覆了我們視為天經地義的傳統觀念，可說是人類意識的一大革命。它不再致力於改造世界，也不教人離苦得樂，只是教我們以另一種眼光去看每天的生活，幫我們直接由痛苦之源找到幸福之因。當我們讀完〈正文〉所揭示的美麗遠景之後，勢必會緊接著問：怎樣才能讓這美夢成真？怎樣才能踏上奇蹟之旅？答案就在《奇蹟課程》的第二部〈學員練習手冊〉。

　　目標既已明朗，你現在需要一個具體的步驟去實現。目標實現的快慢，全憑你按部就班地練習的意願有多強而定。只要你肯嘗試，每一步都會有所幫助。這些步驟加在一起，會將你由批判之夢帶進寬恕之夢，脫離痛苦與恐懼。你對這些步驟並不生疏，然而目前，它們對你而言，屬於觀念的成分仍多於起心動念的原則。因此，我們還需要一一練習一陣子，直到它們成為你生活的準則為止。我們現在就要設法養

成習慣，如此，必要時才能發揮作用。

（T-30.Intro.1:2~8）

〈學員練習手冊〉是根據〈正文〉的思想體系編排成一年的實習課程，共有三百六十五課，一天一課。若不了解全書的宗旨，就很難抓住練習的要旨。因它有如理科教學的「實驗課程」，學生必須先在教室裡弄通了理論部分，才會被派到實驗室去。在實驗室，老師通常不再重複理論部分，只給予實驗的步驟，學生雖然未必明白實驗的價值，只要遵照步驟，仍會得到一定的結果。只是熟悉理論基礎的學生，遇到困難時，比較容易臨機應變，觸類旁通，甚至能夠開創新局。

做練習，好似復健運動，我們只要看一看健身房裡汗流浹背的男女，便不難明白，這基本上是一種鍛鍊，而非消遣。每一種健身器材都有它的特殊功能，我們不必要喜愛它們，只要肯踏上那些鐵馬，仍能得到某種健身效果的。

**〈學員練習手冊〉的目的乃是根據〈正文〉的內涵來訓練我們心靈進行正確的思考**，〈正文〉讓我們看到自己的「妄心」不過是一堆身不由己的虛妄念頭，早已失去了「心」的主體。我們根本忘了自己是靈性的存在，日日活在「失心」（mindless）的狀態下，一味根據舊有記憶與身體的需要而作本能的反應。整部〈學員練習手冊〉便是幫我們把這些導致痛苦的妄念轉為正念。唯有改變念頭，真心才有復現的可能。

## 反向學習

〈學員練習手冊〉強調如何「看」事情,而我們的眼光全受我們的想法限制,所以,「如何去想」,成了每日的主要課題。

世間沒有一個事件是偶然的,我們的念頭也沒有一個是無謂的,縱然我們未必察覺到自己終日起伏不止的念頭,然而所有的感受、反應以及每天發生在周遭的事件都受制於它,我們怎能輕忽它的威力!大多數人都不願或無法面對這些想法與反應,故意將它遺忘,將它打入「無意識」的冷宮;誰知這號稱「無意識」之物,卻一點一滴地架構起我們的自我觀念與現實世界,逐漸取代了真正的自己,活起我們的人生。

那些所謂的「無謂」雜念,不只具有無限的創造現實的能力,而且目標相當明確,一心想要建立自己的獨特身分及維繫眼前的世界。經過百千萬劫的薰習,我們已經徹底遺忘了本來的真相,誤把小我當作自我,把無常的世界當作家鄉,拼命用物質來填補心靈的飢渴。所以我們不只需要一套正念,更需要一套方法,來制衡那取代了我們的天性且幾乎成了本能的妄念。

由此可知,看來極為具體的現實世界,它的根基卻是極其虛幻不實的,是我們的「無謂妄念」打造出來的,那麼,念頭的內容一旦改變了,所謂的「現實」基礎便開始動搖了

，出乎你想像之外的可能性也隨之開啟了，種種不可思議的巧合也發生了，奇蹟便成了生活中不可缺的一項祝福。

一言以蔽之，〈學員練習手冊〉的方法基本上是一種「反向學習」（unlearn, undo）。因為問題的關鍵不在於我們不知道，而是我們不知道卻堅持自己知道，然後用那明知行不通的一套，繼續去撞同一面牆，搞得人我不寧，兩敗俱傷。

我們的痛苦既然出自錯誤的認知，構成錯誤的詮釋，然後又投射出錯誤的結果，所以在接受新方法之前，必須放掉過去所學到的那一套舊模式，唯有將舊有思考模式鬆綁，奇蹟才有發生的餘地。

問題是舊有的模式如此根深柢固，早已「日用而不知，習焉而不察」，甚至成了「我」的某種特質，割捨時，難免會有椎心刺骨之痛。所以〈學員練習手冊〉才編了三百六十五課，把這一趟陡峭的心靈旅程拉長距離，降低坡度，把這「重生」的痛苦降到最低。

> 要學習這一課程，你必須自願去質疑自己所珍惜的每一個價值觀。只要有所隱瞞或掩飾，都會阻撓你的學習。沒有一個信念是中立的。每一個都有能力左右你所做的每項決定。因為任何決定，都是基於某種信念而做出來的結論。
>
> （T-24.Intro.2:1~5）

〈學員練習手冊〉基本上是一種心靈復健，我最近腳踝受傷的經歷，讓我真正體會到「復健工程」所要求的時間與耐心。

去年的一次意外，我右腳跟骨斷裂，韌帶軟骨受傷，我拄著枴杖，靠左腳過日子。三個月後，經X光證實，骨折已經癒合，醫師為我切除了石膏，我迫不及待地拋下枴杖，興奮地踏出第一步，才發現我的右腳竟然忘了怎麼走路，韌帶也僵化了，失去了彈性，只要承受一點兒壓力，它就大聲抗議。

我幾乎無法相信，僅僅三個月的療養，竟會忘記我走了五十年的經驗！受創的記憶促使左腳隨時前來相助，右腳只向前移了半步，左腳就趕緊向前接下身體的重量，就這樣，我便瘸了。而瘸著走，成了我最自然也最舒服的走路方式。

於是，我開始了漫長的復健課程，好似嬰兒般搖搖擺擺地重新學步。

復健師一邊訓練我的右腳走動，一邊警告左腳「不准插腳」管閒事，寧願半步半步地走，也不讓左腳分擔「較多」的責任。因為我的腳骨已經癒合了，應有走路的能力，只因我的自衛習慣已經養成，害怕右腳會承受不了，所以不自覺地把重擔移給左腳。這個善意的彌補心態，構成了我的「瘸」。

歷盡滄桑的心靈千萬年以來也都在忙著彌補自衛，早已忘了自己的天賦能力，終日懷著擔心、憤怒與期待來應對人

生。有時我們在良師益友的鼓勵下，也試著活出「仁慈」的那一面，但隨即又被卡在某種情緒裡，心裡痛得緊呢；難得有了些突破，就歡喜萬分地四處與朋友分享，不到半天，老毛病又犯了，好似回到了原點，不禁懷疑自己的「好」是否只是一種虛偽表態？因此，我們真的需要一套既能對症下藥且能脫胎換骨的「復健課程」。

## 是山亦非山，是水亦非水

《奇蹟課程》用了六百多頁的〈正文〉，向我們解說了人心受創的過程，雖然這只是一個可悲的誤會，**心靈其實依然完好無缺，只因我們忘不了過去的傷痛，堅持「瘸著走」了無盡的年歲，忘失了本來的圓滿真相。**〈學員練習手冊〉就是針對這一迷失的心靈而編排的「復健課程」，重新訓練心靈發揮正常的運作能力。

整部〈學員練習手冊〉分為兩大部分，前者大致屬於「破」的階段，解除錯誤的心理習性；後者屬於「立」的階段，重建心靈原有的神聖天性。

### 第一部：見山不是山，見水不是水的階段

它由第一課開始便承接了〈正文〉的形上理念，訓練學員認清物質世界與時空領域的虛幻不實。它不再重複〈正文〉中的解說，只是以最簡短的文字指出我們每天日用而不知

的兩種思想體系：小我的與屬靈的。我們隨時隨地都在兩者之間做選擇，選擇的結果便是我們有時感到有意義，有時又感到無意義的世界。

這一主旨很明顯地呈現於最先的五十課中，只因它表達得如此簡樸，一般讀者根本覺察不出這些課題下面所隱含的「實相智慧」。例如：

> 我在這房間所看到的一切，不具任何意義。（W-1）
> 我不了解我在這房間所見的一切。（W-3）
> 我絕不是為了我所認定的理由而煩惱。（W-5）
> 我那無意義的念頭，顯示給我一個無意義的世界。
> （W-11）

我們對人對事的看法與反應都是根據過去的經驗所引發的身體感受，**這種自衛性的片面認知，使我們難以看清事情的真相，以訛傳訛，錯上加錯的連鎖反應，終於陷我們於「回天乏術」的絕望**。所以，首要之務即是教我們如何重新去看事情。

它打破了我們「眼見為憑」的認知方式，切斷大腦的「自衛─攻擊」、「思辨─批判」等等慣性反應，為我們的靈心慧眼進行「復健工作」，開啟我們本有的智慧與無盡的潛能，給心靈一個重新展現身手的機會。

有些讀者讀到「我不是眼前世界的受害者」，「我眼前的世界是自己營造出來的」，「還有另一種看待世界的方式」……，也許會想「這種說法挺新鮮的，也很深奧，值得一讀，但不可能真正應用在生活中的，因我有工作要做，有妻兒要養……」，殊不知，就是這類念頭，讓我們快樂不起來，成為「心靈殘障」。

> 你可看得出，你的一切痛苦都是出自你相信自己一無所能這個怪異信念？（T-21. VII. 1:1）

〈學員練習手冊〉前半部的真正目的不是啟示某種高超的境界，而是幫我們誠實看到自己不斷地畫地自限，抗拒幸福的心理障礙。例如：在第61課「我是世界之光」中，它要我們看出「你堅持自己不配」的心態；第121課「寬恕是幸福的關鍵」中，所描述的盡是我們寧願玉石俱焚也不肯放過別人的種種理由；在第126課「我所給的一切，其實都是給我自己的」，它指出你認為這根本是「沒啥道理」，「不可理喻」的事情。

**認出自己內在的抗拒，乃是操練《奇蹟課程》的關鍵所在。**當我們透過每日的練習看到具體的效果時，才會慢慢鬆動自衛心態，承認自己沒有「化解」（undo）自己的能力，甘心放下小我的「逞能」習慣，安靜下來，學習聆聽內在的「更高智慧」，而進入了〈學員練習手冊〉的第二階段。

## 第二部：見山又是山，見水又是水的階段

　　若借用佛法的比喻，第一部是「有修」階段，第二部則
進入「無修」階段；若用密法比喻，第一部是「次第法」，
第二部則屬於「心印」。兩者在形式與內容上均出現了顯著
的差別。

　　1）由規定的練習方式轉為自訂的彈性方式：
　　讀者進入第二部時，會發現前半部明確的主題、周密的
解析以及具體的練習步驟都消失了，只剩下兩段祈禱式的提
示。這一變化使得我們的理性思考頓失所據，面對那無聲無
相之境，逼著自己不得不轉向內在的「更高智慧」，探問如
何運用於日常生活之中。

　　2）由「化解妄念」轉向「活出正念」：
　　第一部幫我們化解自以為是的無知妄念，第二部則帶領
我們直接活出真理實相的心境。它逐漸放下了家長式的指導
角色，把學員交託給聖靈帶領。

　　3）由文字轉向經驗：
　　整部練習在開始時，只給予極短的練習方法，不做多餘的
解說，有意遏止「大腦遊戲」。到了100課左右，又開始逐漸
增加解說，旨在徹底消除讀者心中可能產生的疑慮。到了171
課，它要求我們了解之後，再度試著超脫文字，只需在練習的
開始、結束以及煩惱生起時，才藉助當天的主題，其餘的時間
試著讓心思靜止下來，深入體會。到了最後一個複習時，每一

課只剩下幾句話了，最後它建議你把《奇蹟課程》都放下來：

> 你只需這樣做：靜下來，放下所有關於你與上
> 主真相的想法，放下你所學來的所有世界觀，
> 放下你所執著的一切自我形象。放下心中所有
> 的念頭，不論真假好壞，不論你視為有價值的
> 想法或是羞於啟齒的觀念。放下一切。不要執
> 著於過去學來的任何想法，或根據任何經歷所
> 塑成的信念。忘掉這個世界，忘掉這個課程，
> 雙手空空地來到上主面前。（W-189.7:1~5）

第一次操練〈學員練習手冊〉的讀者，不可能把百千萬
劫累積下來的心理包袱在半年內就清除乾淨，所以，踏入第
二部時，會有茫然不知所措之感，這就是為什麼西方讀者做
過十來次〈學員練習手冊〉的不乏其人。

這「見山又是山，見水又是水」的嶄新境界，將修行者
由「自力」推向「他力」。這時務必防備小我的「善意」提醒
：「你一定要把前半部做到完美的地步，才配進入第二階段。
」人類當前的痛苦處境就是小我大顯身手的傑作，所以第二階
段的重點轉為放下「自恃己力」的操控習性，僅以一顆小小的
願心（a little willingness）去領受上天的智慧，就已足夠了。

而我們從第一課走到此地，足以顯示自己的願心了，所
以大可以放心地向前，不再擔心自己練習得完美與否，慢慢
放手由祂在前引領吧。

# 奇蹟原則與生活應用

我們在前文裡已經略微解釋了一下《奇蹟課程》的〈正文〉與〈學員練習手冊〉之間的關係，它好比生物化學課與實驗課的關係，兩者必須雙管齊下才可能深入全書的精髓。

然而，在奇蹟學員中不乏主張「理論無用論」的人，專攻〈學員練習手冊〉；也有喜歡理論思辨的讀者，認為「練習」只是為一些頭腦簡單讀不懂〈正文〉的人準備的。

其實，這兩部書不只形式有別，連強調的主題也各有偏重。例如：〈正文〉後半部幾乎都在討論「特殊關係」，而這一名詞幾乎不曾出現在〈學員練習手冊〉中。但若不了解「特殊關係」的內涵，我們根本無法明白〈學員練習手冊〉所謂的「我所給的一切，其實都是給我自己的」或「當我痊癒時，我絕不是獨自痊癒的」，是什麼意思。

同樣的，〈正文〉為我們指出聖靈在我們救恩道路上所扮演的角色，卻沒有真正教我們如何呼求祂的協助，如何與祂建立親密的關係。這一關鍵課題必須等到〈學員練習手冊

〉，才真正發揮出來，而且成了整部練習的高峰。

為了幫助尚未真正進入《奇蹟課程》的人們了解兩者的關係，我不妨在此具體舉出〈正文〉的幾個中心思想，看一看〈學員練習手冊〉是如何與它呼應的。

## 我應對自己之所見負責

〈正文〉中曾有過這樣令人驚心動魄的一段話：

我應對自己所看見的一切負責。

我所經驗到的感受是出於自己的選擇，我有意完成的目標也是出於自己的決定。

我所經歷到的一切，都是我自己招惹來的，我所接受的也是自己祈求來的。（T-21.II.2:3~5）

至於如何培養出「自我負責」的心態？〈學員練習手冊〉排出了每日的課程：

第 1 課　我在這兒所看到的一切，不具任何意義

第 2 課　我在這兒所看到的一切，對我所具的意義，完全是我自己賦予的

第 3 課　我並不了解我在這兒所見的一切

第 4 課　這些念頭不具任何意義，它們就像我在這兒所看到的事物一樣

第 5 課　我絕不是為了我所認定的理由而煩惱

第 6 課　我煩惱，是因為我看到了根本不存在的事物

第 7 課　我只看得見過去

第 8 課　我的心裡塞滿了過去的念頭

第 9 課　我看不出一切事物的當下真相

第10課　我的想法不具任何意義

第11課　我那無意義的念頭，顯示給我一個無意義的
　　　　世界

第12課　我煩惱，是因為我看到了一個無意義的世界

第13課　無意義的世界令人恐懼

第14課　上主從未造過無意義的世界

第15課　我的想法乃是我營造出來的意象

第16課　我的念頭沒有一個是中性的

第17課　我所看到的東西，沒有一個是中性的

第18課　我的看法所導致的後果，並非只有我單獨承受

第19課　我的想法所導致的後果，並非只有我單獨承受

第20課　我決心看見

　　我們若期待命運轉變，必須先解除自以為是且視為天經地義的那一套生活信念，因為我們當前的處境正是那套信念「制約」出來的結果。若要改變「果」，必須除去它的「因」，而這「因」便隱藏於我們的每一念與每一見之中，也正是需要解套之處。

## 破除小我的分別意識

〈正文〉說：

小我是由分裂之境孕育出來的，只要你繼續相
信這分裂之境，它就會繼續存在下去。小我必
會設法獎勵你維繫這種信念。它所有的獎勵，
不過給你一個暫時的存在感，以它的開始為開
始，以它的結束為結束。它告訴你這一生便是
你的存在，因為那正是它自己的一生。

（T-4. III. 3:2~5）

〈學員練習手冊〉是這樣一步一步地解除小我投射於生
活中的分別意識的：

第 16 課　我的念頭沒有一個是中性的
第 17 課　我所看到的東西，沒有一個是中性的
第 18 課　我的看法所導致的後果，並非只有我單獨
　　　　　承受
第108課　施與受在真理內是同一回事
第124課　願我記得自己與上主是一體的
第126課　我所給的一切，其實都是給我自己的
第137課　當我痊癒時，我絕不是獨自痊癒的
第159課　我要將自己所領受的奇蹟分施於人
第181課　我信賴我的弟兄，他們與我是一體的
第187課　我祝福了世界，因我祝福了自己

　　我們的恐懼孤單的感覺，不都是源自於這種分裂信念？在這種內外交攻的險境下，我們不斷做出錯誤的選擇。原想彌補缺憾，消除內疚的，結果卻招致更深的匱乏、更多的自責。唯有學習在他人身上看見自己，也唯有透過寬恕他人，自我才得以解放，奇蹟才有出現的可能。

## 喚醒生命的真相

〈正文〉說：

> 在身體與死亡的噩夢中，仍有一則真理，也許那只是一點火花，或是黑暗中燃亮的一線光明，上主仍在那兒照耀著。你無法喚醒自己。但你能讓自己被人喚醒。你能夠無視於弟兄的夢境。你能夠如此完美地寬恕他的幻覺，使他成為你在人間的救主，將你由夢中拯救出來……身體會在這道光明前消失蹤影，就如濃密的陰影必須讓位給光明……於是你就會在榮耀中看見自己的弟兄……你所寬恕的人，獲得了寬恕你的幻覺的能力。就在你給予自由之際，你同時獲得了這一禮物。（T-29. III.3:1~13）

　　若要悟入真相之真，必須先能看出幻相之幻，才能不受幻相的蒙蔽。生活在物質世界與肉體中的我們，很容易忘卻

自己原是「屬靈的存在」，而淪落為自己所投射出來的世界的受害者。我們每天都需要一些真相的提醒，都需要一位弟兄給我們練習寬恕的機會，如此，我們才可能由自己所投射出的世界得到釋放。

第 31 課 我不是眼前這世界的受害者

第 32 課 我眼前的世界是自己營造出來的

第 33 課 還有另一種看待世界的方式

第 34 課 我能夠看到平安，而非這個

第 35 課 我的心靈是上主天心的一部分，我是非常神聖的

第 36 課 我的神聖本質籠罩著我所見的一切

第 40 課 我是蒙受祝福的上主之子

第 67 課 愛把我創造得猶如它自身一樣

第 70 課 我的救恩來自於我自己

第 76 課 我只受上主天律的管轄

第 77 課 奇蹟是我的天賦權利

第 94 課 我仍是上主所創造的我

第 95 課 我是個完整的自性，與我的造物主一體

第 97 課 我是靈性

第191課 我是上主的神聖之子

第199課 我不是一具身體，我是自由的

我們時時刻刻都在為自己的命運作抉擇，只是缺乏擔當的勇氣，故意把自己的抉擇遺忘，打壓到潛意識裡，扮演現

實世界的受害者。當我們決心把自己的眼光從充滿罪咎與恐怖的世界轉移，而著眼於生命實相時，奇蹟便成了日常生活的自然律了。

## 小小的願心

〈正文〉說：

你心靈所做的準備，頂多只是認清你渴望它甚於一切。你無需做更多的事，實際上，你最需要的，只是明白自己不可能做得更多了。不要企圖獻給聖靈從未要求之物，否則你會把小我加在祂身上，使兩者混淆不清。祂的要求微乎其微。（T-18.IV.1:4~7）

《奇蹟課程》從不要求它的學生在世間成就某種「境界」，它只要求一點點的「願心」，願意面對自己作繭自縛的真相，願意放下那帶給我們痛苦的想法，願意嘗試「另一條路」，便已綽綽有餘了。

第 27 課　首要之務，我願看見

第 28 課　首要之務，我要以不同的眼光來看待事物

第 34 課　我能夠看到平安，而非這個

第 73 課　我願光明出現

第 78 課　願奇蹟取代所有的怨尤

第 79 課　願我認出問題，以便對症下藥
第 80 課　願我認清自己的問題已經解決了
第106課　願我靜下來聆聽真理
第124課　願我記得自己與上主是一體的
第155課　我要退讓下來，讓祂指引前程
第182課　我願安靜片刻，回歸家園
第237課　我此刻就願成為上主所創造的我

　　這是一個選擇，而且仍然操在我們的手中。活在夢境中的我們，一切看來好似如此地身不由己，所剩下的就是這個自由抉擇的能力。現實生活中的每一個經歷，都隱含著我們過去的一個選擇，我們也隨時在為下一刻種因結果，這是無法迴避的。若不選擇真我或實相，就等於甘心為小我效命，所以我們願意加入哪一個陣容，就成了此生幸福與否的關鍵。

## 將幻境的時間轉為神聖的一刻

〈正文〉說：

神聖的一刻就是當下這一刻，也是每一刻。任何一刻，只要你願它是神聖的，它就是神聖的。你若不願它是神聖的，你就錯失了那一刻。它何時成為神聖的，完全操之於你。不要再拖延了。你無法在過去及未來中找到它，它立於

　　過去與未來之外，迫不及待地等候著你的迎受
……這一刻為你提供了由卑微中徹底解脫的機
會。（T-15.IV.1:3~8）

　　時間的出現乃是小我抵制永恆的伎倆，將我們困鎖於時
空領域，而與永恆隔絕。小我習慣躲藏在過去與未來之中，
想盡辦法迴避當下這一刻，因為「當下」乃是通往永恆實相
的窗口，而且任何轉機，必然發生在當下。

　　過去與未來只存在於思想的幻境中，只有當下一刻是真
實的，我們也只能為「這一刻」負責，所有的修行最後都濃
縮在這一刻的抉擇中：你要幸福還是痛苦？要真理還是幻境
？而每一天的課程都要我們「現在」就作此選擇，不再拖延。

第233課　今天，我把生命交由上主帶領
第243課　今天，我不再判斷任何事情
第270課　今天，我不再用肉眼去看
第271課　今天，我要發揮基督的慧見
第274課　今天，是屬於愛的一天，願我不再恐懼
第285課　今天，我的神聖本質光明燦爛
第286課　今天，我的心充滿了天堂的寧靜
第288課　今天，願我忘卻弟兄的過去
第295課　今天，聖靈會透過我去看一切
第303課　今天，神聖的基督誕生於我內

第310課　今天，我要活在愛與無懼之中

第330課　今天，我不再傷害自己了

第334課　今天，我要收下寬恕所帶來的禮物

第349課　今天，我要讓基督的慧見代我去看一切事物

第353課　今天，我的眼睛，舌頭，手腳，只有一個目
　　　　　的，就是獻給基督來行奇蹟而祝福世界

我們的願心一與造物者的大願結合，每一天都是新的開始，每一刻都是「神聖的一刻」（holy instant），把每日的生活交還給生命的主宰。「這是上主的日子，也是我獻給祂的禮物」（W-242.Topic），這一句話，聽起來好似一種臣服，其實是活在物質與肉體的牢獄中之人的「自由宣言」。

# 練習指南

　　〈學員練習手冊〉的安排是經過縝密計畫的，開始時，對讀者的要求可說是微乎其微，既不要求我們相信這些觀念，也不需要投入太多的時間，漸漸消除我們內在的害怕與抗拒。

> 到目前為止，我們對練習一直採取相當隨意的態度……，所要求的努力幾乎微乎其微，甚至不要求積極而熱忱的參與心態。這種方法是經過刻意安排、縝密計劃的。……你若認為自己是迫不得已的，或是向內在的抗拒及反感屈服，你就不會看見。（W-20.1:1~6）

　　人心在內疚與恐慌的驅使下，習慣了身不由己地投射出負面的念頭，陷身於苦海而無法自拔。這個「妄心」有待重新訓練，所以課程一開始，有如「新兵訓練」，不給太多的解說，直接入場操練，磨掉凡夫妄念（wrongmindedness）的運作方式，讓我們親身目睹一下自己的「想法」與「所見

」之間的因果關係。進入第33課以後，它為我們提出了「另一種可能性」，而這「另一套看法」反映出我們神聖而圓滿的真實身分，它告訴我們，幸福不待外求，它是我們的天賦產業。

自第93課開始，它再度領我們進入「正見」之境（rightmindedness），與舊有的妄見並列於我們眼前，進一步訓練我們重新選擇的能力，將我們由無意識的本能反應、受害情結、失心狀態等小我世界，帶到意識與無意識的交界點──自由抉擇的主體（decision-maker）。

總之，〈學員練習手冊〉每到一個新的階段，就會給予一些新的提示，可惜，我們大多數人都認定自己才知道什麼方式更為合適，喜歡自行添加或減省一些，或按自己的喜好加以修改，常忽略了書中的特殊安排，幾個重要轉折。例如：

❖ 前20課的練習，不要超過一分鐘，重點在於「一視同仁」以及「毫無例外」的應用心態。
　20課以後，著重於不斷的自我提醒。
　31課開始分為長式與短式。
　41課開始運用了一些冥想。

❖ 複習一，把練習前後貫穿起來，顯示它的整體性。
　第93～110課，進入一小時一次的練習。

❖ 複習三，強調短式練習與危機運用。

第124課，每半小時複習一次。

第153課把四種練習方式綜合使用。

❖ 複習四與複習五，已經開始為第二部做準備。

第181～200課，開始強調願心的重要，練習「神聖
的一刻」。

❖ 複習六，開始超越思想與文字。

❖ 第二部，進入無言無修的一體境界。

整部練習可謂一脈相承，它不可能在每一課中重複提示
練習的方法，所以我們必須按部就班地進行，才可能把握練
習的要點。每一課都在為下一課鋪路。如果不了解當天的課
題，其原因很可能是我們尚未了解上一課的要旨。例如：從
150課以後，只有三處指示了練習方式，即：第153課，複
習六以及第二部的導言。我們若未徹底把握練習的要點，練
了幾課以後，就會完全迷失了。

## 四種練習的方式

〈學員練習手冊〉前後大致提出過四種不同的練習方法
，在此綜合解說一下：

## 1）早晚的靜修

　　每天一早醒來以及晚上臨睡前抽出幾分鐘或半小時來複習當天的主題。這又可以分為兩種方式進行，一是積極地默想當天的課程，引伸到自己的生活與人際關係中；或是放下思慮，以純然接納的心態，學習在寧靜中聆聽，接受「更高智慧」的指引。

　　早晚的靜修能夠為一天的生活「定焦」，讓這一天的思言行為常能在「正念」的光明中進行。

## 2）每小時的複習

　　這可說是最大的挑戰了，但也唯有如此，才可能培養出「活於當下真相」的能力。它以迴旋漸進的方式，反覆為我們準備心靈，奠定基礎。

　　從93課起，在早晚的練習之外，增加了一次練習，開始為每小時複習做準備；到了120課以後，開始要求我們每小時回憶一下當天的主題；自153課時，把「回憶一下」變成了「與祂同在幾分鐘」的固定練習，同時為下一個小時的重聚準備心靈；到了193課時，又多了一層轉折，它要我們「寬恕」前一個小時所發生的一切：

　　　　使得下一小時不受上一小時的羈絆。時間的鎖
　　　　鏈便這樣輕易地鬆綁了。不讓前一小時在下一

> 小時內留下任何陰影，當一小時過去後，那一
> 小時所發生的事情也隨之而去。如此，你才能
> 無牽無絆地在時間的領域中活出永恆的平安。
> （W-193.12:2~5）

在繁忙緊張的現實世界裡，作者明白我們難以做到書中的要求，故一再安慰我們只需量力而為，只需認清我們內心對回歸的抗拒，並且利用這一機會來寬恕自己的內疚就夠了。

## 3）隨時提醒

自第31課開始，除了早晚的練習以外，作者要我們試著「從早到晚隨時應用」。這種提醒可以重複誦念當天的主題，也可以寧靜片刻，讓相關的念頭自行浮現。雖然只是簡短的幾個念頭，只需數秒的時間，卻是打破舊有模式的關鍵。

有鑑於世上各種聲色媒體的洗腦，以及我們對自己根深柢固的負面形象之作祟，唯有「隨時提醒」才可能與世間的「妄見體系」相抗衡，如此才能把心念串連起來，匯聚成某種勢能。

這些練習的設計，是為了幫你養成習慣，把每天所學的觀念都應用在你所做的每一件事上。不要念了一遍以後就擱在一旁，它的效果是無法衡量的。它的目的就是在你有待援助的任何時間及地方，以各種方式來協助你。

> 試著把這個念頭帶到你當天的工作中，使它變
> 為神聖的，合乎上主之子的身分。
> （W-Review. III.11:6）

### 4）臨場應用

《奇蹟課程》理論雖然抽象，卻十分強調它的「實用價
值」，我們必須學習在問題發生之刻立即發揮「化解」（
undo）的功能，才算得上是「操練」。所以除了早晚或定時
複習以外，最重要的乃是「臨場應用」。

何謂「臨場時刻」？就是在外境衝擊之下，小我反應模
式本能地開啟之刻。它可以是小小的擔心或失望，也可能是
強烈的憤怒。〈學員練習手冊〉一再提醒，沒有大煩惱與小
煩惱之分，它們都是來自同一個源頭。我們必須時時警醒，
誠實而勇敢地把每個心念攤在真理的陽光之下。

心理復健就像中國功夫一樣，需要培養「覺」的功夫，
隨時警覺任何侵害到內心平安的念頭。

> 當它（當天的觀念）成了盤據於你心內的主要
> 思想，成為你解決問題的一貫方式，以及你對
> 誘惑的即時反應時，你就已把自己所學到的一
> 切推恩給世界了。（W-194.6:2）

這不再是解決問題而已，它更成了你的心靈境界，直到每一天每一刻都能清醒地活在祂的臨在中為止。我們若能把上述的四種方法交替應用，最後便能「念念安住」於實相之中了。

> 天父，當我一早醒來，請祢安住我心中，並在這一天內隨時光照著我。使每一分鐘都成為我與祢同在的時刻。願我不忘每小時都感謝祢，因祢與我同在，隨時都在聆聽而且俯允我的祈求。當黑夜來臨，願我的念頭仍然屬於祢及祢的愛。願我安然睡去，信賴祢的眷顧，欣然意識到自己是祢的孩子。（W-232.1:1~5）

## 〈學員練習手冊〉的特質

《奇蹟課程》指出痛苦與幸福的關鍵，就在於我們一刻不止的念頭上，所以〈學員練習手冊〉強調的是練習的頻繁性與連續性，不只每天一課，甚至每小時都需要複習當天的主題一次。只因念頭是一切經驗的肇始者，即使是一個「無謂的雜念」，也可能隱藏了天堂與地獄之別的抉擇。

整部課程的設計乃是針對我們混亂的心念，難怪書中絲毫不提行為規範或道德標準。它修練的對象是心，而非身，一切問題都發生在心念的層次上，故它不像傳統靈修在身體

、形式與環境上大作文章。

傳統靈修要求「鐵杵磨成繡花針」的耐力，通常以打坐的功夫、持咒的次數與閉關的長短來評斷一個人的精進程度，始終不離「身體」與「形象」的範圍；而〈學員練習手冊〉要求的卻是練習的頻繁性，鼓勵學員每小時都能回憶一下當天的課題，把分別判斷的念頭轉向當天的正念。它從不要求人做任何外在的改變，只是讓我們在練習的當中，看出自己的起心動念幾乎都是出自「分別心」。我們明知「分別意識」是我們感到孤獨與痛苦的原因，但要我們回到「一體意識」，是何等困難的事。

〈學員練習手冊〉偶爾也會出現一些冥想或觀想的形式，但它強調的是心態而非技巧，所以我們看不到任何關於呼吸、身體，更不提環境的擺設了。它全部的焦點都放在如何引導人心穿透種種有形的境相，返抵生命的根源。所以它一面督促我們誠實面對個人特有的心障，如自我觀念、創傷經驗、負面心念等，同時又極其謹慎，以免在處理過程中過於強調負面力量而把幻相「弄假成真」了。所以它常把障礙比喻為毫無實質的烏雲或濃霧，並且牽起我們的手，一起穿過雲霧，邁向光明的實相。

傳統靈修鼓勵「出世」方能真修，而《奇蹟課程》卻主張入世，因為我們的心念隱晦難測，大都壓抑在潛意識裡，唯有外境的出現，才能像「照妖鏡」一般反映出妄心的所在

，我們才有面對它與轉變它的機會。於是，一般修行人避之
猶恐不及的人際關係，反而成了《奇蹟課程》的修行道場。

## 操練時的中庸心態

> 凡是真實的，不受任何威脅，
> 凡是不真實的，根本就不存在。(T-Intro.2:2~3)

　　《奇蹟課程》在闡釋絕對真理時，是一針見血，毫不妥
協的；然而在引導我們「化解」（undo）之際卻又極為體諒
，極其隨緣。因此當我們捧著〈學員練習手冊〉操練時，也
容易不知不覺中落入兩種極端，有時想當完美主義的苦行僧
，有時又淪入有口無心的玩票心態。

　　換句話說，我們很容易懷著「小我」的心態來修「大我」
的課程，發現自己常在「有為」與「無為」之間進退失據。因
此，常需覺察觀照，在兩極的誘惑之間隨時調整自己的心態：

❖ 既要認真地按照書中指示操練，又不能拘泥形式，
　變成某種宗教儀式；

❖ 既要覺察小我的每一個隱私念頭，又不能加以批判
　或打壓；

❖ 雖然無需死守書中的文字，但又不能對練習中的指
　示掉以輕心；

❖ 明知自己無法做到書中的提示，也不能自行修改課
　程來遷就自己的程度；

❖ 一方面需要避免小我「力求完美」的野心，一方面
　又需全力以赴地投入；

❖ 它要我們按部就班地遵循練習的提示，一方面又說
　我們一無所能，只需保持一顆小小的願心。

　　來到娑婆世界的人，多少都懷有逃離生命主宰而自行打
造生存空間的意圖。因此，再苦，我們也堅持要為自己的生
命掌舵，要作自己的主人。即使窮途末路，我們仍然一口咬
定自己知道問題出在何處，不願就教於「更高智慧」，這種
心態必會反映在我們與〈學員練習手冊〉的互動上。

　　〈學員練習手冊〉象徵著「更高智慧」，當它以一權威
的角色告訴我們何者為真，何者為幻；要我們放下這個念頭
，採用那個觀念；要我們早晚練習一次或是每小時複習一遍
……我們對這些提示的反應，會像解讀羅夏客的點墨圖（
Rorscharch inklots）一樣，反映出我們內在種種心理狀態。

　　我們可以把上述的反應歸納為兩大類：抗拒與臣服。抗
拒的形式又會出現不同的奇招，有些學員根本不管書中的提
示，隨心所欲地改變方法來配合自己認為的需要；有些學員
讀過以後，忘得一乾二淨，不只絲毫記不得當天的主題，有
時還會一連忘了好幾天；有些則是讀了以後，義憤填膺，

氣它如此武斷,跟它爭辯到底;還有些學員自稱接收到另一啟示,把整部練習濃縮為一個練習,自編一套「速成法門」,真可謂是五花八門,無奇不有。

另一個極端,「臣服」,也呈現許多有趣的現象,有些學員練得如此認真,毫不苟且,自稱練了三星期,還停留在第一課;有些則「怕」忘了,用鬧鐘來提醒,這種「被迫記得」的念頭與作者要培養我們「因愛而覺」的心境全然背道而馳。不論是抗拒也好,徹底臣服也好,走到極端,都會加深自己的內疚,再度陷入「受害者」心態,把〈學員練習手冊〉視為存心整我們的「迫害者」而恨之入骨。

我們應該常常提醒自己,〈學員練習手冊〉的重點不在於它的形式或我們的表現,它是一套學習「寬恕」的課程,每一課的目的不是用來評判我們修得好不好而編製的,而是讓我們有勇氣看出自己「咎由自取」的事實,給我們一個寬恕自己、走出痛苦陰影的機會。

總之,整套課程並非為了「成就」(do)什麼境界,而是「化解」(undo)我們根深柢固的內疚與自責,每一課都提供我們一個重新選擇的機會,究竟願意繼續怨怪下去還是寬恕?願聽從小我的建議還是大我的胸懷?這一過程都是悄悄地在「心內」進行的。我們常是放下了怨尤兩天,又再拾起,衝刺了一陣,又再度淪陷,我們就在這樣進進退退之間不自覺地轉化了,其中的甘苦不足以向外人道也,也不是自

己所能評判的。

> 只要了解得當，失落便不是失落。痛苦也不可
> 能存在。沒有任何悲傷的理由。所有的痛苦不
> 過是一場噩夢。這個真理，起先只是說說而已
> ，經過不斷重複，逐漸被接納為部分的真理，
> 心中卻還有許多保留。後來幾經嚴肅的反省，
> 終於全盤接納下來了。我仍能選擇去改變一切
> 有害的念頭。今天我要超越這些文字，放下所
> 有的保留態度，全面接納話中所含的真埋。
> （W-284.1:1~8）

〈學員練習手冊〉的目的既是為了解除「小我」，故小我的反彈不只不代表退步，反而成了學員「擊中要害」的一個記號。因此不必害怕小我自暴其短，就讓每天的課題充當小我反彈的活動教室，這樣，我們才有機會看清它真正的恐懼與委屈，我們也才有機會「寬恕」它，讓它過去。由此可知，「進步」的標誌並不在於把練習做得中規中矩，或終日笑臉迎人，而是能夠接納現狀，拿得起，也放得下，活得愈來愈心安，這樣就夠了。

## 結語：打牛還是打車？

東方人一想到修行就會聯想到深山、幽谷，洞穴或密室

，呈現眼簾的常是形若槁木的苦行僧，經年累月地面壁而坐，餐風飲露，不食人間煙火。《奇蹟課程》徹底推翻了這種「形式化」的修行觀念。它既已指出人生的苦因不過是「一念之差」而已，那麼修行理當針對人的念頭而下功夫，修正錯誤的想法才是正著，而不把身體當作代罪羔羊。我們可能都聽過禪宗南嶽懷讓大師的妙喻：當牛車不動時，應該打牛還是打車？

　　心念產生了偏差，應該修心還是練身？答案不辯自明。問題必須在它發生的源頭上對症下藥才能真正解決，《奇蹟課程》是由「終極真相」來答覆人間的問題的，卻未必是人類想要聽到的答案。只因人類的問題，經過投射與壓抑等等意識作用的扭曲，早把真相掩蓋住了，只許在枝節與後果上力圖彌補，卻不許人去追究問題的起因。

　　**修行的關鍵在於我們能夠認出真相之真，幻相之假；要認出真相，首先得看出何者為假。**然而人類經過千百萬年的浩劫，早已壯志全消，不敢追問自己本來的圓滿真相，開始與命運妥協，尋找仿製品，以思想來取代真知，時間來取代永恆，以語言來取代靈性的相通，用特殊關係來彌補愛的空虛。我們還用瞞天過海的方式，造出世界來遮蔽靈性的真相，因此，我們對自己所投射出來的世界有多少依戀，對真理就會產生多大的抗拒。

生命是共通的，我們卻用自己的生老病死把它變成「個人的」生命問題；世界是共有的，我們卻用愛惡揀擇把它變成「我的」世界。生命被我們支解之後，再也看不出它本來的圓滿與意義了。

這一趟回家的路程，說遠，它就在當下；說近，卻似有千山萬水之隔，要清除無量劫以來重重覆蓋的帳幔，確實少不了一番功夫。它在練習最後的結語中說：「這個課程只是一個起步，而非結束。」一年的訓練課程只是教我們如何與生命的根源連上線，其餘的，自會水到渠成，不勞我們操心。

> 忘掉這個世界，忘掉這個課程，雙手空空地來
> 到上主面前。祂豈會不知道往你那兒的路？那
> 麼，你就不需要知道往祂那兒的路。
>
> （W-189.7:5~8:2）

# —◆— Q & A —◆—

> ❖ 為什麼讀到第30課以後，感覺失去了先前讀
>     時的震撼力？

---

**問**：當我由第1課開始練習時，感到它好似震開了我某個很
深的心結。讀到第30課以後，談到我的神聖性與我具有神
的力量時，我愈來愈感覺不出那種震撼力，怎麼回事呢？
這與我不信基督教有關嗎？

**答**：這是很正常的反應，與信教與否沒有太大的關係。

在我們平庸的生活裡，心內雜亂的念頭、惱人的人際關
係以及無常的世界天天威脅著我們，左右了我們的喜怒哀樂
，使人難以自拔。當我們在前二十課中讀到「這一切毫無意
義」的訊息，自然會有如釋重負的喜悅。

但從30課開始，《奇蹟課程》傳遞給我們一套更加陌生
的喜訊：「我們是極其神聖且完美的」，雖然那是我們夢寐
以求的福音，我們在人間苦苦奮鬥，不正是為了向人證明自
己的完美聖善嗎？但當這禮物白白地交到我們手中時，我們
反而退縮了。為什麼呢？它掀出了我們一直想要掩飾的「自
慚形穢」之感，根深柢固的內疚使我們難以接受這個事實。

這狀似哄小孩的甜言蜜語，其實正是陷在脆弱不堪的身

體內的我們亟需的「甜口」良藥，若非我們失落了這一「真相」，我們豈會使出渾身解數，只為爭取親友的肯定與愛憐，帶給自己與他人許多無謂的煩惱？

第30課到第50課的練習一再提醒我們，我們不缺能力、思想、光明與愛，我們一無所需，也不必向人證明什麼，我們本來就是圓滿具足的，只要我們肯下功夫往自己心內去找。

因此這一部分的練習，不只在我們的現實生活裡經驗不到，它還深深擊中了小我的要害，打擊得如此之深，以致激起小我極大的抗拒，令你對這段文字感到荒謬不堪，好似天方夜譚，根本讀不下去。此刻你不妨靜下心來，面對自己被它「抬舉」得手足無措、坐立不安的窘態，誠實地問自己：「為什麼我不能坦然承受這一事實，這不正是我勞碌一生想要追求的結果嗎？」

這與你信不信神的關係不大，即使無神論者也渴望自己的完美，佛教不也有「你就是佛」、「佛與眾生無別」類似的說法嗎？可惜，即使是虔誠的佛教徒也不敢把它當真。這正是《奇蹟課程》要你看清的問題。

請記得，這一肯定乃是你日後三百多課練習的基礎，千萬不可輕忽。

## ━━ Q & A ━━

### ❖ 當我操練時，身體非常抗拒，是否應勉強做下去？

**問**：我覺得自己的學習好似「卡」住了。當我讀〈學員練習手冊〉時，心理還蠻喜悅的，但不知為何，身體好似有種抗拒，又不太願意接近它。我知道這是不對的，所以勉強自己去做練習，結果更糟，我該如何處理這種情形？

**答**：把《奇蹟課程》丟到床底下去！

別以為這句話只是玩笑而已，它道出了《奇蹟課程》的精神所在。

《奇蹟課程》是前來為你服務的，幫你化解內在的恐懼與不安，消除你的內疚與自責，教你如何寬恕自己。如果你為了練習而更加沮喪、慚愧，那麼這本書不是又變成你舊日噩夢裡的「迫害者」了嗎？不是又加深你「受害者」的情結了嗎？

當你讀《奇蹟課程》，尤其是做練習時，請特別留意字裡行間的語氣，它是如此寬容、諒解，甚至到縱容的地步。雖然它一路上為我們打氣，鼓勵我們前進，仍然隨時為我們保留一個下台階，就像迪斯奈樂園裡，在排隊進場的走道邊

，處處設有緊急出口，供你逃之夭夭。你真正該擔心的是我們內心那毫不留情的小我，它永遠都嫌我們不夠完美，跟在後面鞭笞著我們。如果以小我的心態來練習，我們在書中只會讀出一堆嚴厲的要求，而非造物主的慈悲。

《奇蹟課程》無意把你推到什麼高超的境界裡去，因你從未離開過那一境界，只是眼光受到蒙蔽而已。〈學員練習手冊〉不過是讓你知道還有另一種看法，至於你什麼時候想去看，它完全尊重你的決定，它絕對無意在你已經夠苦的日子裡，再加上一層心理負擔。

凡是被宗教馴服過的人，都知道一般靈修強調的是意志力（will power），要你發出壯士斷腕的決心，《奇蹟課程》卻只要求一點點的願心（a little willingness）就夠了。因前者往往與小我的野心糾纏在一起，搞得生活煙硝四起；後者則教你以放鬆、信任的心態，匯入「無為而無所不為」的大道中。所以《奇蹟課程》一再說，我要找的是一個快樂的學徒，而不是愛做犧牲的殉道者。它對我們一無所求，我們也不欠它什麼，我們真正虧欠的是自己。

所以當你感到害怕、抗拒時，就安心地把書放下。許多西方讀者開始時也經歷過這類波折，有些人一丟就是一、兩年，有時三、四年，日後再度拾起此書時，常百思不解當初是為什麼放下的。

　　當你深入課程一段時間以後，若再遇到這類狀況，便可
試著正面去觀照那無名的抗拒，它究竟在怕什麼，或逃避什
麼？若能以寬容而不批判的心態，給自己足夠的時間與空間
說出內心埋藏已久的創傷，便能解除這一心障。那麼這段波
折反而成了修行道上的逆增上緣，救恩的時刻。

# —— Q & A ——

## ❖ 怎麼可能在上班或開會時，記得每小時複習當日練習？

**問：**在〈學員練習手冊〉的練習中，有許多是一個小時要作一個練習。但若在開會或擔任講師在授課，就幾乎無法如此練習。應該用何種心態或以何技巧面對此一狀況呢？

**Tom Carpenter 答：**《奇蹟課程》的目的是要教我們用另一種眼光看待自己。〈學員練習手冊〉的功能即是告訴我們怎麼做。

聖靈非常了解現代人的忙碌，要我們每小時都要停下手邊的事來做練習，確實很難做到。但是我們必須明白，我們每天的日常例行公事正是現有信念的一種投射。我們每天用同樣的理由，做一樣的事，其實是在加強小我對這個世界的認同。我們若想被世界接受，不能不遵照世界對我們的期望而去活。就好比工商業界，若要成功致勝，不能不接受既定的遊戲規則。

〈學員練習手冊〉的設計，直接幫助我們每天面臨挑戰時，改變我們對現況的看法和對困難的一貫反應。每個人都希望過個好日子，但是衝突、問題卻層出不窮，因為我們習慣以舊有的思考模式去反應，才會不斷惡性循環下去。

　　每小時複習一下當天的主題，可以讓這些觀念在我們腦子裡面維持一定的新鮮度，隨時發揮作用。剛開始的時候，每個人的腦袋塞滿了各種念頭，要提醒自己記得每小時做練習可能很困難，但是，我們若能看到，應用這些觀念真的能讓我們活得更快樂，在事業上也看到很大的成效，那麼要我們記住這個練習就比較容易了。於是，這種新的思維習慣便會慢慢養成。

　　我們的頭腦剛開始都會忘記或是排斥這些新的想法，因為它和我們舊有的信念如此不同。只有在堅持一段時間之後，嚐到了甜頭，抗拒才會慢慢停止，比較容易記住。有些人把這些練習寫在一張小卡片上，把它放在口袋裡，隨時拿出來複習。你若能像學習其他商業技巧或工具那樣用心，把每天的新觀念運用在工作上，必會得到立竿見影之效。

　　最初的50課是從你改變自我形象打下基礎。剛開始時，你可能很難看出來，運用這些觀念怎麼可能導致外界的改變，只要你持續操練與應用，外境一定會改變的。如果你全然信任它們，這些信念還會喚醒你內心深埋的記憶。如果你沒有辦法按照手冊中的要求每個小時練習的話，至少花個幾秒鐘回到當天的觀念裡，你會發現，你只要讓這個想法進入你的腦海，就能影響你手中在忙的事情，幫你達到你這一生真正想要追求的目標，活得平安而喜樂。

我們每一個起心動念等於在重申自己的信念，
舉手投足之間對別人也會發揮了「示範」的作用，
不論我們意識到與否，我們其實隨時都在教人，
也都在複習，一次次地強化了固有的思想體系。

# 6

# 〈教師指南〉導讀

## 何謂上主之師

　　《奇蹟課程》不以宗教的面目出現，而採取教育的形式來傳達它的理念。〈正文〉好比教科書，〈學員練習手冊〉則是學生課後的實習或家庭作業，那麼，〈教師指南〉顧名思義便是為老師而寫的「教學須知」了。

　　這種進階很容易誤導讀者，以為勇猛精進地做完〈練習手冊〉的一年課程，便可以晉升為「天人師」了。其實，《奇蹟課程》對「老師」的定義幾乎與傳統觀點截然相反。

　　我們通常會把教學視為一種行業，教師為一種職位，師生屬於不同的階層；然而〈教師指南〉一開始便推翻了這種教學觀念與師生關係，它有意消弭教與學、師與徒的分野，因為我們在教的同時，等於再次學習自己所教的內容，強化舊有的信念，所以教與學原是同一行為，老師本身也是自己所教內容的學生。

　　我們每一個起心動念等於在重申自己的信念，舉手投足之間對別人也會發揮了「示範」的作用，不論我們意識到與

否，我們其實隨時都在教人，也都在複習，一次次地強化了固有的思想體系。

> 問題不在於你願不願意教人，而是你根本沒有選擇的餘地。這課程的目的，可以說是為你提供一種方法，讓你本著自己所願意學的，來選定自己所願教的。除了你自己以外，你無法給任何人東西，你會在教的過程中學到這一事實。（M-Intro.2:4~6）

〈教師指南〉給了老師一個新的名稱「上主之師」（The teacher of God），聽起來神聖無比，其實它根本不是一個頭銜或名分，而是奇蹟學員的必修課程，最多只能充當學習道上的一個里程碑罷了。

誰才有資格稱為上主之師？答案令人訝異：

> 任何人只要決心成為上主之師，他就是。他只需具備這一點資格：他在某時某地，以某種方式刻意地作了一個決定，視自己與別人休戚相關……他業已同上主簽了一個協定，即使他仍然不信上主。他業已成為傳遞救恩的使者。成了上主之師。（M-1.1:1~8）

　　只要是來到人間的眾生，都是來當學徒的。即使完成了一年的練習課程，仍不可能擺脫學生的身分，他只不過從事另一種形式的學習而已，開始跨出小我獨善其身的「人我分別」的相對心態，逐漸體會出：

> 唯有幫人重歸完整，自己才得以完整……給予弟兄他真正想要的東西，就等於給了自己……答覆他對愛的呼求，你自己的呼求也就得到了答覆。（T-12.II.3:3~5）

　　為了利人利己，「推恩」（extention）的願心逐漸萌芽了。這一願心便足以將他由〈學員練習手冊〉的「內修」階段推向〈教師指南〉的「度生」階段了。然而，「教師」的定義既然不同，那麼「度生」的意義也截然有別。「上主之師」未必比一般學員更為完美，他也毫無特殊之處，他可能來自任何行業，甚至無須宗教信仰，只要他願以自己了解的形式領受「救恩」，學習把尚不堅固的愛與寬恕推恩到他人身上，他就配稱為「上主之師」了。他外在無須做任何改變，因為「上主之師」所靠的不是形象，而是「奇蹟心態」，他憑的不是個人的能力或外表的成就，而是一顆謙卑的願心。「只要他準備好去學，執教的機會自會出現。」（M-2.1:7）這一內涵顯然有別於傳統的「師父」觀念。

　　〈教師指南〉說：學生與教師看來好似萍水相逢，其實是前緣已定，他們必然有一共修的課程，才會建立這一師生

關係。當他們相遇之後，教學的場景就拉開了。開始時，他們各有不同角色、心態、需要與興趣，建立起某種「特殊關係」，解決兩人之間特有的問題。當這互動進行到某一程度，「特殊」的因素逐漸淡化，彼此的相異性也逐漸模糊，他們便能看到彼此有待共修的課程，也唯有對方才能激盪出問題的嚴重性。於是雙方的目標開始拉近，好似一個銅板的兩面，彼此的隔閡與分立逐漸消失了，他們終於認出彼此是「休戚相關」的。至此，原來身為學徒的，一旦明白了「施與受是同一回事」，當下便成了「上主之師」。

這一觀點充分反映出《奇蹟課程》的基本信念：人心最隱密的問題是久藏不住的，遲早會投射在他人身上，所以人際關係才是修行的真正道場。初入道時，我們仍會認定問題都在外面，他人才是造成我們痛苦的原因，因而四處求教，試圖找出比較明智的應付辦法。經過一年課程的磨練，我們終於看清了，他人只是反射出我們內在問題的一面鏡子罷了。於是主動地迎向這一挑戰，將他人的命運與自己的命運繫在一起，肩負起「上主之師」的推恩課程。

「推恩」不是為了「積功德」，它是治癒「分別意識」而回歸「一體大愛」的必修課程。沒有人能夠單獨地進入天堂的，因為天堂不認識分別孤立的個體生命，唯有向弟兄伸出歡迎的手，天堂之門才會開啟。所以它說：「你只需與弟兄同在一刻，整個宇宙都會重歸你們所有。」

　　與人建立「神聖關係」，能夠徹底扭轉小我的分別意識，可說是一劍擊中了小我的要害，《奇蹟課程》就是如此為我們清理了生生世世、恩恩怨怨那說不清的一筆糊塗帳，省下了不少在原地兜圈子的時間。

> 你所歡迎的每一個人，都會為你帶來天堂之愛……你和他無法個別歡迎愛的來臨。沒有你的弟兄，上主無法知道你的存在，同樣的，單獨的你也無法知道祂的存在。你們一旦結合了，必會覺察到愛的存在，正如愛也會知道你的存在，並且在你內認出它自己來。
> （T-18.VIII.9:5;12:3~5）

## 「上主之師」的誘惑

　　我們若追根究柢，人類之所以「失樂園」，即是因為他開始追求「獨特性」（specialness），而背離了整體。我們只需環顧四周，世間哪一種追求不是為了自己的獨特價值？名利、愛情、傳宗接代，甚至遁世隱修。尤其是修行人，往往以為自己放棄了物質世界，就必然四大皆空了，其實修得愈執著的人，愈容易陷入無明罪根，而那正是人心對獨特性與個體價值的最深渴求。

　　那麼「上主之師」的名分，似乎最能滿足小我對獨特性的渴望，它所面對的挑戰也可想而知了。《奇蹟課程》常提

醒我們,「上主之師」沒有拯救世界的使命,因為世界只是一個夢境,把人由這個夢帶入另一個夢,未必真能解決問題,因為世間每個因緣、每個夢本身只是「果」,它們的「因」都藏在人心內,那已屬於「自我抉擇」的神聖領域了,連神佛都無權越俎代庖。

這當然不是說,「上主之師」不應做任何善事。我們既到人世走一遭,自然會做一些自認為有意義的事情,只是,不論做什麼,都只是所謂的「夢中佛事」而已,重要的是,「上主之師」存在的象徵性。當他決心放棄小我的生存方式,而願意由大我的生命觀來寬恕人間的虛妄,就已經為世界開啟了救恩之門。因他的選擇向人們顯示了另一種可能性,故他在人間的任務只是一個小小的提醒而已:

> 上主之師……代表那已遭他們遺忘的另一種可能。上主之師的臨在本身,只是一種提醒……他們代表另一種神聖的可能性。他們心中懷著聖道的祝福前來,不是為了治癒患者,只是提醒他們上主早已賜給他們的藥方……他們所給的東西,其實上主早就賜給那些人了。他們極其溫和地呼喚弟兄遠離死亡之途:「身為上主之子的你,看看永恆生命所賜你的一切吧。你難道會捨棄這個而寧可選擇疾病?」
>
> (M-5.III.2:1~12)

我們應常記得，治癒的力量是在心內，那是眾人本來擁有卻已遺忘的力量。身體本身隱含著我們曾做過的選擇，想用身體把心靈圍起來，視為一己的隱私，這一「自由抉擇」使我們再也無法替他人開啟心靈的力量。然而，心靈卻是相通的，我們若能進入自己的心靈深處，撤除自己設置的圍牆，便有感通他人的可能。所以，當學員問：「需要多少上主之師才夠拯救世界？」答案是「一位」。因為我們本來就是一個，只要一個人能回歸圓滿的自性，救恩便已向所有人類開啟了。

總之，我們舉手投足都在教人，起心動念都在救人或害人，我們的每一個選擇，每一個改變都是為眾生而做的。所以外表說什麼與做什麼，呈現什麼形象，與救恩根本無關。我們只要回顧一下人類歷史，多少宗教的理想後來都轉變成一種意識型態的鬥爭，打著宗教旗幟發動戰爭。《奇蹟課程》說得很明白，它不需要傳教士，更不要殉道者，需要的是「寬恕與愛」的見證。「上主之師」的任務只是讓自己的心靈多多反映上主之愛，讓奇蹟能夠自然發生而已。

## 結　語

最後，我們必須承認，《奇蹟課程》的深奧理念，確實需要具備一些抽象思考能力的人才可能讀得懂它。它也有自知之明，早早為自己定位，自視為千百種靈修方法中的一套

課程而已，並非唯一的真理，也未必比其他法門更好。然而，無可否認的，它確實能自成一家之言。這一套課程有它的前提，有它的實踐方法，理論與練習之間緊緊相扣，我們要不全盤接受，要不就另就高明，若只想接受其中的一部分，反而會為自己製造更大的衝突，難以得其妙用。

> 這一課程你不是完全相信，就是完全不信。因它不是徹底真實，就是徹底錯誤，你無法片面地只相信它的某一部分。你不是徹底由痛苦中解脫，就是完全沒有解脫。理性會告訴你……在你選擇天堂之前，你就等於仍在地獄與痛苦中。（T-22.II.7:4~8）

海倫自己雖然始終抗拒這一《課程》，仍然忍不住歡喜地說：「謝天謝地，總算有了一部知識份子讀得下去的東西了。」

「心理治療」強調的方法就是：

不再著眼於受輔者身上可以批判的

及任何不完美的地方。

他的眼光越過對方的毛病與過錯，

看到的只是純潔無罪的本來面目。

# 7

# 《奇蹟課程》與心理治療

## 《奇蹟課程》的心理治療原則

　　1973年的秋天，肯恩曾問海倫，除了《奇蹟課程》以外，是否還筆錄過其他的資料？海倫漫不經心地答道，「哦，有啊！就在今年年初，是關於心理治療的，只有幾頁而已，還沒有完成。」身為心理學家的肯恩興沖沖地讀完了這份資料，當下有點兒失望，因它與《奇蹟課程》的思想如出一轍，毫無新意。事後一想，便也會心了，《奇蹟課程》在它千餘頁裡早已把治癒與寬恕的道理說盡了，他還能期待什麼新說！

　　〈心理治療〉一文，於1975年完成，它只是將奇蹟理念套用在心理治療的行業中而已。〈教師指南〉裡的「上主之師」與〈心理治療〉的「心理治療師」幾乎是同義詞，兩者對調，絲毫不會改變這兩部小書的內容。「心理治療師」的定義、職責、功能與「上主之師」無一不同，而〈心理治療〉的「患者」或「受輔者」與整部《課程》裡的「弟兄」一詞，也是同義詞。

〈心理治療〉的出現是預料中事，因為當時直接或間接參與筆錄《課程》的，無一不是從事心理工作的人士。這一短篇，幫我們全面而具體地認出「上主之師」的寬恕職責與治癒功能。近代一位奇蹟教師 Robert Perry 曾根據〈心理治療〉綜合出四個要點，為我們點出了「上主之師」能夠帶給人治癒經驗的關鍵因素。

## 治療信念的醫師

心理治療師的首要之務，是深入受輔者心中隱藏的信念體系，試著去揭露它，質疑它，然後帶領受輔者透過寬恕而選擇另一套較為健康的信念體系。

在受輔者的信念體系裡，他是一個脆弱不堪、缺乏安全感的自我，無奈地任憑一個強而有力、危險且具攻擊性的世界所擺佈。世界說他是誰，他就得把自己變成那個樣子；世界如何待他，他就只好那樣承受。他自己唯一能夠做的，就是隨時自衛保身，躲避世界的襲擊，而且必須不停地採取攻勢，才能獲得所需。總之，世界逼著他不得不去防衛和攻擊，他是「人在江湖，身不由己」。

然而，受輔者不敢質問自己的這套信念體系正確與否，也不想質問他眼前這一場鬥爭的真相，他只要治療師幫他打贏這場戰爭。他按照世俗的標準，尋找新的力量，新的技巧

，新的能力和策略；他想要建構一個全新且自信的自我概念，足以對抗世界的威脅，以免在世界的攻擊和挑戰下潰不成軍；他想要變成一位有自信、有安全感的人，能在現實生活裡排除萬難，穿越重重危機。總之，在人生遊戲裡，他要「打贏」這場戰爭，他指望心理治療師能幫他達到這一目標。

　　這一出發點本身大有問題，它先假定了自己原先的信念體系是顛撲不破的真理，卻不知那是一條死胡同，因在那信念裡，他永遠像一個不堪一擊的自我，任由殘酷無情的世界擺佈，如此脆弱，不論怎麼防衛都不夠似的。他期待治療師幫他建立一個堅強的自我形象，不過是遮掩他內在真實感受的假面具而已。即使他變成了一個能幹的自我，登上了世界的頂峰，他的內心仍然脆弱如昔，仍然沒有安全感，仍然活在恐懼裡。

　　受輔者的真正問題是「內疚」，源自他內在隱藏的怨與怒。他先認定了世界待他不公，沒有給他應得之物，因此怨怒成了理所當然的反應。不幸的是，無論他自認為氣得多麼有理，他仍會感到內疚。因著他的怒氣，他相信自己已經發動了攻擊，顯現出邪惡有罪的一面。然後，他面對自己的邪惡，又不得不信自己遲早會得到報應。因此，導致他受苦的真正原因並不是世界，而是他自己的內疚。他所有的苦其實是在哀嘆自己不再純潔無罪而已。受輔者的真正問題是源自不寬恕所帶來的內疚，可惜很少心理治療能夠進入這一深度

，受輔者也不容易接受這一類的診斷。

心理治療師的任務則是幫助受輔者重新反省自己的信念體系，這是治療師和受輔者之間的主要工作。心理治療師幫助受輔者意識到他過去是如何任由世界擺佈的，如何視世界（人、事和物）為「因」，而他的心境（情緒、決定、反應）為「果」，逐漸地，讓他學習看清他的想法才是「因」，世界只是「果」，因為他的心想要怎樣詮釋眼前的世界，這是他的自由，世界對他的詮釋愛莫能助。心理治療師的工作是幫助受輔者重申心靈的力量，並由新的角度重新詮釋外在的物質現象。

心理治療師幫助受輔者揭開他的內疚，讓他聽見他對自己吟唱的自怨自艾之歌，這類歌會以種種偽裝隱藏在憤怒、受苦，甚至生病的形態下。怨怪帶來內疚，當他唱著「看看這傢伙如此這般地對待我」，其實他真正唱的是「沒有人會真正愛我的」。心理治療師必須幫助受輔者聽到他對自己吟唱的這首內疚之歌。即使只是短短的剎那，就給了受輔者一個質問這首歌的機會，並慢慢地改變他的曲調。

如何改變一個人的生命曲調呢？就是寬恕。這個寬恕並不是世俗的寬恕，世俗的寬恕好似「給予真正傷害我們的人一個他根本不配接受的禮物」，我們所談的寬恕則是基於「世界根本不曾傷害過我們」這個觀念上。世界「好似」帶給我們痛苦，然而所有的痛苦，都是透過我們的心靈對世界所

作的詮釋而造成的。世界從來不曾傷害過我們,也不曾對我
們做過任何事。既然如此,那麼我們對它的怨恨就難以立足
了。這種了悟就是寬恕,它是看到真相後的必然結果,而不
是一種法外施恩。

　　只要選擇寬恕,就會帶來治癒。寬恕時,他放下了一個
充滿恐懼、威脅並隨時想要消滅他的世界觀,他了解那幅圖
像原是自己畫出來的,這樣的心靈絕不會是脆弱的,恐懼自
然消失了。更重要的,寬恕時,他清除了內疚,如今,他不
再視自己是天生墮落的邪惡自我,也不會隨時等待世界的正
義懲罰。寬恕帶給了他全面的治癒。

## 寬恕受輔者

　　《奇蹟課程》的治療目標是釋放受輔者的內疚,如前段
所說,這需要受輔者本身決心去寬恕他人才行。然而,心理
治療師若能放下自己的批判,給予受輔者「真寬恕」的話,
必有助於受輔者因寬恕而得到治癒。

　　當心理治療師挑戰受輔者的信念體系之同時,治療師內
心其實也在挑戰自己的信念。他在受輔者身上看到的,是一
個病態的、適應不良的失敗者,充滿了各種問題,各方面都
比不上自己。即使在治療過程中,這個可憐人也表現得差強
人意,不願去看顯而易見的真相,拒絕做正確的選擇,還與

治療師抗爭到底。這全都是因為他暗自深信自己是一個無藥可救的罪人,可悲的是,他看起來還真是如此。

心理治療師必須明白,這全是一個幻相,不僅如此,對方的幻相與他自己的幻相還會相互呼應。對方的問題其實也是他個人信念的縮影,因他也一樣相信,世界的威脅是痛苦之源。他一樣會投射,所看到的盡是受輔者的過錯與缺陷,因他有意將自己的內疚投射給對方,而把受輔者的抗拒視為存心找麻煩,甚至下意識裡還會視對方的不合作為一種厄運或懲罰。這種缺乏愛的心態,必會強化治療師本身的內疚。

因此,任何以缺乏愛的方式看待受輔者,都反映出心理治療師自己的內疚之歌,它也同樣會以偽裝的形式出現。因此治療師也需藉助受輔者而聽到那隱藏於心底的歌曲,有機會質詢它的真實性而改變了自己的心曲。「心理治療」強調的方法就是:不再著眼於受輔者身上可以批判的及任何不完美的地方。他的眼光越過對方的毛病與過錯,看到的只是純潔無罪的本來面目。〈心理治療〉一文說:

> 當心理治療師忘了判斷患者時,救治就在那一
> 刻發生了。(P-3.二.6:1)

由此可知,心理治療師自身發出的寬恕意念具有極大的療效。心理治療師當然會以不同的形式表達這種寬恕,他絕不會說:「告訴你,我已經寬恕了你。」只要內在的寬恕是

真心誠意的，那麼無論他說什麼，都會傳遞這一寬恕的訊息。受輔者很可能經驗到一種全然被接受和被愛的感覺。不管自己多麼不完美，都能被他的治療師所接受的這種經驗，是他得到治癒的關鍵。心理治療師的愛幫他得以寬恕自己。

雖然心理治療師的寬恕悄悄地出現於自己心內，無須外在的形式，也能發揮心對心的直接傳送。但積極而肯定的表達，往往能鼓勵受輔者掀出那充滿怒氣、漂浮在內疚苦海裡的信念，讓那些難以啟齒的陰暗內容有機會與心理治療師無條件的寬恕相會，讓受輔者切身感受到自己「以莫須有的罪名定了自己的罪」，奇蹟便在此刻開始了。

## 神聖關係

治療師與受輔者之間建立一個神聖關係，本身即具有莫大的療效。受輔者受損的自我形象乃是他與世界敵對關係所導致的結果，而他與世界的關係早已投射在他現實生活中充滿了衝突的人際關係裡。因此，治療師與受輔者必須建立一種治癒性的關係，方能逐漸鬆動受輔者對他人和自身根深柢固的信念。

實際上，開始治療時，通常雙方各自擁有不同的腹稿。受輔者想要保全自己的信念體系，他只想獲得一些方法，以便在世界的奮鬥中大獲全勝；而心理治療師卻一心想要改變

受輔者不健康的人生信念與自我認同。終究而言,他們雙方都必須放下自己預訂的目標,結合於心理治療的真正目標之下,也就是:幫助受輔者化解他錯誤的自我觀念,尋回他一向純潔無罪和純樸清新的本來面目。

這是需要相當的一段時間與努力的。當雙方逐漸放下自己的防備而彼此聆聽,尋找共同的治癒時,即使未曾涉及任何宗教信仰,其實,一種「超然的智慧」已經出現於他們的關係中了。他們要讓這奇妙的智慧發揮多少潛力,完全取決於他們。通常唯有相當資深的心理治療師,才可能帶來這種神聖的結合經驗。

這類深度的結合會徹底改變雙方的自我觀念,證明他們並不是當初自以為分裂的、易受傷害的、有罪的自我,而慢慢體會到自己真正的生命與對方其實是一體不分的。

兩人之間的這種結合已經反映出生命實相的不二本質,原來各自獨立的自我認同逐漸消失了。於是,世俗中一種治療行業,竟也能幫我們達到靈性的一體境界。

## 以身作則

心理治療師的目標既是引導受輔者走出當前的信念體系,進入神智清明之境,他自己必須具體顯示出「一點」神智清明的心境。因為受輔者通常都很害怕失去過去所相信的那

一套，而對於心理治療所許諾的「正常境界」深感威脅。因
為放下過去的經驗與信念，無異於失去自我，這意味著一種
死亡。因此，他會認為心理治療師想要奪走他最後憑恃的一
塊寶地，即他的自我概念。因此他會抗拒心理治療師的努力
，甚至開始把治療師視為威脅而加以反擊。

　　心理治療師的責任是以「不設防」來回應那些攻擊，而
「不設防」的心態對受輔者示範了另一種無須自衛的生存方
式，是如此安全，如此吸引人，讓受輔者覺得治療師所展現
的那種生存方式好像並不是那麼可怕，於是，慢慢放下了自
己的防禦而中止了恐懼。

　　同時，心理治療師亦藉此示範了另一種可能的生活方式
。因為只讓受輔者看出他目前的思考方式必然導致痛苦這一
事實，仍不足以幫他走出舊有模式，他需要具體看到新的生
活方式所能帶來的快樂自在，才可能鼓起勇氣來放手一搏。

　　當然，治療師不必活得如何完美無缺，但他至少需要具
備一些放棄黑暗與接受光明的經驗，並知道如何走出恐懼的
陰影才行。所謂「生活表範所說的話，遠比上千個舌頭更有
力量」。這並不表示他傳遞訊息時所說的話都是沒有用的，
而是表示，除非那些話有具體的生活在後面支撐著，否則就
毫無力量。

　　總之，心理治療師連哄帶勸地把受輔者帶進一種新的思考模式，那正是對方最擔心害怕的事。除非治療師親自走過這一段，且顯示出某種積極的前景，否則他怎能說服對方放棄自己所熟悉的一套而採用新的？除非受輔者親眼看出這種新的心態確實幫助了治療師，否則他怎敢確信這種方式也可能適用於自己？因此，心理治療師有責任親自走過這一趟旅程，才可能把受輔者由黑暗導向光明。於是，在這職業性的互動中，治療師本人也逐漸邁向「上主之師」的境界。

註1：感謝周玲瑩女士協助整理本文。
註2：海倫晚年筆錄的〈心理治療〉與〈頌禱〉已經收錄於《奇蹟課程補編》之中。

## —— Q & A ——

❖ 《奇蹟課程》連它的筆錄者都無法改變，
　還稱得上是一本「靈書」嗎？

**問：**筆錄《奇蹟課程》的海倫，似乎至死都沒有接受這本書的觀念，如果此書連它的筆錄者都無法改變，還稱得上是一本「靈書」嗎？

**答：**幾乎每個《奇蹟課程》的學員學習到某個階段，都會發出這一疑問。這可以從多方面去解答，而且會因著問者的心態而得到不同的答覆。

如果問的人不是《奇蹟課程》的學員，有可能他其實並不想深入書中的教誨，只是以此作為排斥的藉口，那麼，我們根本不須答覆，以免引起更多的門戶之爭。因為這種問法很像外行人在問：「耶穌既然是天主之子，又能行奇蹟，為什麼連自己都救不了？」或是問：「佛陀法力無邊，最後竟然會被人毒死。」面對這類駁斥，實在沒有回應的必要。

但如果我們是懷著開放的心來探討海倫與「那聲音」（就稱它為耶穌吧）的互動關係，我們就會看到《奇蹟課程》所描述的「小我」與「大我」（聖靈）之間一齣活生生的樣板戲。

　　海倫對《奇蹟課程》的心態始終是分裂的,她很清楚《奇蹟課程》每一句話的意思,常常十分肯定地糾正其他學者的錯誤解釋,並且一直擔心此書會落在不當人士的手裡,因此在《奇蹟課程》的早期出版過程中,她都小心監督著。當她聽到有些讀者將《奇蹟課程》通俗化或宗教化,扭曲了書中某些觀念時,她會當場痛心地喃喃自語:「噢,我可憐的課程,我可憐的課程。」但在這同時,她的小我卻更強烈地抗拒這本書進入她自己的生活,因她太清楚了,她抓得緊緊的那個自我和這本書是無法並存的。她常說:「我知道它是真的,但我就是不願相信它!」「啊,它講得這麼美,我恨死了它!」

　　據與她共事了半生的比爾之觀察,他認為,正因海倫內在的分裂狀態,她才能夠與自己的想法分開,忠實地記錄《奇蹟課程》,而這種分裂,也成了她自己無法學習這一課程的主因。

　　奇妙的是,海倫與「那聲音」的關係,親密得超乎想像,「那聲音」像是她的buddy-buddy(哥兒們)一樣,幫她在紐約找停車位,告訴她哪個百貨公司有大減價,只是偶爾他會提醒海倫,「你知道,海倫,我所能給你的,遠超過這些東西。」

　　「那聲音」不但沒有批判她,反而留下一段感人的詩句,向海倫以及所有參與推廣《奇蹟課程》的人致謝:

你所投入的時光，
會在那光明的時辰，
靜靜地回歸於你。

你獻給祂的服務，
永遠珍藏在祂的愛裡，
直到哀傷無地藏身。

你的耐心來自於祂，
在你所需之刻，施施而至。
在祂的微笑中，你看見了
祂對你的感謝如此之深，
因為這一本書。

不論海倫的意識（小我）在世上作何抉擇，她在另一層次似乎仍與「那聲音」聲息互通。然而，到了晚年，她的抗拒造成整個身心的萎縮，陷入極大的恐懼與痛苦中，但有一個信念是不滅的：因它許諾過，會在她臨終時來迎接她。

海倫對《奇蹟課程》的心態對後來的讀者成了一把雙刃的劍，有的人看到她的反面樣板，更加相信此書絕不會出自於她；也有人以她的抗拒為藉口而抵制書中的訊息。然而，不管海倫個人的反應如何，都不是問題的關鍵所在，要緊的是，我們對她的反應的反應，才真正透露出我們內心的陰影所在。

　　我個人始終認為《奇蹟課程》的真實作者不願在書中直述其名，只願以書的形式呈現於人前，表示它有意避開前二十個世紀的「教主」模式。它不需要任何大師來扛它的旗幟，這似乎不難了解它為什麼偏偏挑選了一位根本不吃他那一套的倔女子。海倫與比爾生前都很清楚，他們的使命只是記錄，根本沒有資格去教導別人，所以他們始終閃到一邊，盡可能推辭各方的邀約，以免妨礙了聖靈的工作。

　　負責推展《奇蹟課程》的人心中明白，這本書不需要任何人去推，它自己會走，「心靈平安基金會」以及「奇蹟課程基金會」只是跟著這本書跑，就已經忙得人仰馬翻了。

# —— Q & A ——

## ❖ 西方的奇蹟讀者中，是否已有人明心見性了？

**問：在美國讀《奇蹟課程》讀了一、二十年的讀者中，是否已有人明心見性了？**

**答**：曾有美國讀者在研習會中提出同樣的問題，肯恩打趣說：「告訴你一個秘密，我們搜集了一個悟道者的名單，鎖在我辦公室的保險箱裡。」

事實上，這是一個沒有答案卻十分值得探討的問題，因為問題本身揭露了傳統對「修行」所投射的錯誤印象。

在社會上，我們有約定俗成的一套衡量「成功」的標準，例如他的出身、職位，他的存款、社交圈、能力表現等等有形可見的因素。修行人的世界雖然標榜「出世間法」，絕大多數的人仍在玩「小我」的遊戲，以類似的標準來衡量修行人：他是某位大師的嫡傳弟子，蓋過多少寺廟，收了多少徒弟，寫過多少經書。如果是一位隱士，我們仍須找出他有什麼神通，感化多少野獸，才夠得上「大師」的資格。

《奇蹟課程》有意撇下宗教的形式，甚至倫理標準、道德判斷，全力針對「人不知，鬼不覺」的念頭下手。它甚至不要求我們把「妄念」轉為「正念」（因為這不是我們能夠

做到的事，沒有天助，我們根本不可能發出正念，這是另一個問題，暫且不談）。它只需要我們收回自己的投射，把眼光由別人的身上轉回來，誠實面對自己的情緒與想法，然後「輕輕一笑」，寬恕自己，如此而已。

這一切都發生在人心最隱密之處，豈是外人所能評斷的？因此，《奇蹟課程》的資深學員，除了外表上可能比較平和快樂以外，通常不會有什麼異常表現，更不會四處炫耀他的奇蹟經驗，因為「奇蹟本是最自然不過的事了」，沒有什麼好說的。我們較常聽到的，很可能是他幽默地敘述自己的小我作怪的醜態，以及他在別人身上所看到的奇蹟與力量。我發覺愈是深入的奇蹟學員，愈能幫對方看到自身的能力或美好之處，而非自己的偉大。他不會顯得與眾不同，因為奇蹟既然沒有難易之分，我們也沒有什麼高下之別。

新時代有這麼一說，那些在人間遭受慘絕人寰的待遇的人，很可能是無可救藥的樂觀靈魂，他們在投胎之前，明知下一世的命運，仍然自信能夠克服任何困難而接下最艱鉅的挑戰。所以有誰能憑某人一生某一時段的遭遇來予以評斷一個人的境界？誰能斷定那是因為業障，或是高級速成班？〈學員練習手冊〉一再提醒，「我們其實什麼也不知道」，直到有一天，我們明白自己真的什麼都不知道時，才可能老老實實地按照〈學員練習手冊〉的建議去修。

　　《奇蹟課程》一再強調：我們完全一樣，都具有完美而
神聖的本性，都因著同樣的「一念之差」而流轉人世，也必
須學習同一課程（形式雖有不同，內涵卻是一個），才能找
回自己的本來面目。只因我們每一個人玩的花招不同，所以
化解方法也千變萬化，有些人先嚐甜頭，打個底子，有些人
則是倒吃甘蔗，苦盡甘來；有些人一天一小病，十天一大病
，有些人無病無痛，卻遭橫禍；有些人自己不生病，身邊卻
出現了許多需要他照顧的患病親人。我們豈能斷定照顧病患
的人一定比生病的人更有福德？也許殘缺的嬰兒是專為培養
父母耐心而來的。

　　活在世間，我們總是習慣由「相異」的角度去看一切，
整部〈學員練習手冊〉卻要訓練我們超越「相異的表相」，
去看萬物相同相通之處。因為「相異」必會激發比較與競爭
，加深我們的孤立感。即使是「悟道」，它的連環效應也與
社會上的中獎一樣，照樣激起眾人的覬覦、挫折與怨怒。君
不見六祖悟道後，他的師父立即囑咐他連夜逃走，免得遭到
同門師兄的圍剿？

　　每一個人來到世間，都在尋求某種「獨特性」，在世俗
中我們要出人頭地，在宗教圈內，照樣想傲視群倫，《奇蹟
課程》稱之為spiritual specialness（靈性的特殊地位）。
另一方面，有些學員則把《奇蹟課程》建議的境界轉化為具
體的象徵，作為靈修境界的指標，例如：學員讀了「我信賴

我的弟兄，他們與我是一體的」（〈學員練習手冊〉181課
），決定從此不鎖車門；或是讀了「我把未來置於上主手中
」（第194課），就放棄健康保險；還有人讚美肯恩說：「
我相信你是個靈性比較高的人，因為你不抽煙，連咖啡也不
喝，我也很少看到你老往廁所跑。」

　　這都落入了傳統靈修觀念的陷阱，用不鎖門，或不加入
保險等等現象作為論斷靈性的標準。我們知道，小我是最會
裝模作樣，虛張聲勢的了。當我們心中再度生出「他修得比
較好」、「他可能已經明心見性了」這些想法時，不妨反觀
一下自己內心對「獨特性」的渴望，然後寬恕自己。

　　〈學員練習手冊〉所傳授的一套新的「看法」，就是看
破那些虛幻的表相，直探對方的本性。因此書中也從不要求
我們外在的表現，只建議我們多去注意一下自己與他人的對
立心態，以及我們對未來的不安全感而已，這才是修行人應
該關切的事。

　　《奇蹟課程》對於「頓悟」毫無興趣，因為悟與不悟，
對我們的真相毫無影響，倒是我們所建造的虛幻世界，需要
一層一層地化解。它甚至勸學員不要修得太精進，太認真，
免得把虛幻不實的障礙反而搞得更嚴重了。

　　　　大部分的人接受的訓練課程，都是逐步推進的
　　　，盡可能把過去的種種錯誤一一修正過來。尤
　　　其是人際關係，必須有確切的認知，所有未經
　　　寬恕的死角都該清理乾淨。否則的話，就給了
　　　舊有的思想體系一個復萌的基礎。
　　　(M-9.1:7~9)

　　〈學員練習手冊〉並不期待學生在一年內就能清理完「
未經寬恕的死角」，它甚至不願多談「神聖關係」或「真實
世界」的境界，免得給小我一些空洞的理想。它重視的是「
神聖的一刻」，僅止一刻而已，我們只需為當下這一個念頭
、這一個剎那負責，不再自訂藍圖來催迫自己；沒有「悟道
」的重擔，我們才可能成為一個快樂的學徒。

　　「那聲音」曾經對海倫說，「期中考的分數不算」，我
們也就無須在路上一比高下了，我們都會回到家的，早到晚
到，走到爬到，這些時空中的觀念一進入那終極境界，就變
得毫無意義了。

下　篇

Get out of His way !

讓祂放手去做祂的事吧！

# 1

# 憶舊・述史

## 《奇蹟課程》二十五週年
## 慶祝感言

　　《奇蹟課程》出版至今倏忽已二十五年了，當初參與其事或躬逢其盛的人也都垂垂老矣！奇蹟學員知道這是唯一無二的二十五週年慶，連一向迴避大型聚會的肯恩也破例出席。奇蹟學員由世界各地、美國各州湧進了希爾頓會議廳，熙熙攘攘，驚叫歡呼聲此起彼落，好似闊別已久的高中同學會。

✳

　　第一天是由肯恩與茱麗回憶他們所認識的比爾與海倫。我們都知道，海倫與肯恩情同母子，海倫晚年心態近乎歇斯底里，肯恩每天探視，是唯一能夠安撫她情緒的人。而茱麗視比爾如父，比爾晚年應茱麗之邀，由紐約遷居加州，最後逝世於茱麗家中。

　　幾乎每個宗教都有把創始人美化或聖化的傾向，唯獨在《奇蹟課程》圈子裡，大家都知道海倫與比爾不是聖人。也許二十一世紀的神已經看膩了聖人聖女，這回偏偏揀選了難

纏的海倫與害羞的比爾來完成祂的任務。這兩人與「那聲音」的互動本身，即是一場精采的課程。經由肯恩與茱麗如數家珍地娓娓道來，不僅是一部珍貴的口述歷史，更因上百位曾經參與這段歷史的老學員的臨場見證，使這場聚會本身進入了奇蹟傳奇。

肯恩以話家常的方式談起海倫的生平。海倫出自相當富裕的猶太家庭，沒有宗教信仰，自幼跟著不同信仰的保母進出教堂，也接受過天主教與基督教的洗禮，但對神始終抱著懷疑的態度，只是喜歡教堂的氣氛而已。

海倫從小就有許多靈異經驗，她以為這是每一個小孩成長過程必會發生的事情，所以從不放在心上。其中一個比較壯觀的經驗發生在她十三歲時，她要神親自證明祂的存在，顯個「流星雨」的奇蹟（這是海倫一生與神互動的模式，一向由她來告訴神該怎麼做）。霎時，滿天流星雨呈現在她眼前，比國慶煙火還燦爛壯觀。然而，她的信仰只維持了十五秒鐘，就跟自己解釋說，這只是偶然的巧合而已，並不能證明神的存在。

海倫非常聰明，常常讀了幾段，就能把握全書的要旨。她很少讀書，卻能以優異的成績畢業。結婚後，在她先生的鼓勵下，繼續深造，很快就得到心理學的博士學位。經朋友的介紹，去應徵一個工作，老闆就是比爾。

比爾從小敏感多病，幾度休學，故養成閱讀的嗜好，在學校時成績優異。他也和一般男孩一樣，交了一位「高中甜心」，兩人過從甚密，幾乎論及婚嫁。但比爾逐漸發現自己有同性戀的傾向，難以啟齒，只能毅然中斷這一交往，不告而別。直到晚年，他才回頭找到他的「高中甜心」，解釋當初離開的苦衷而得到對方的諒解。

比爾畢業後，工作一帆風順，他謙虛退讓，從不與人競爭，卻常順利地獲得要職。他曾參與美國政府主持的原子彈研究計畫，當第一顆原子彈落在長崎時，他便辭去工作，轉入心理學界，在康乃爾大學執教，與當時心理學界名流 Karl Rodger 等人私交甚篤。

他後來被推薦到哥倫比亞大學附屬醫院當心理學系的主任，不久，系裡有一大筆研究基金即將發放，亟需一位專業研究員來主導這一研究，比爾立刻四處打聽合適的人選。這時，海倫打電話來，說是比爾的某朋友介紹來的，而且告訴比爾，「他說我正是你最需要的人選」，比爾不知如何回拒，但心裡已經對這位咄咄逼人的女子起了戒懼之心。

在面試中，他試著勸阻海倫謀取這一工作，說這職位不穩定，工作職責也難界定，何況薪水不高，海倫的背景與學位遠遠高於他們開出的條件。但海倫一看到比爾，內在就有一個聲音說：「哈！就是他，這是你需要幫助的人。」海倫毫不遲疑地接受了所有的條件，讓比爾沒有任何回拒的藉口。

　　海倫極其能幹，思想縝密，做事有條理，幫比爾申請到了許多政府的「補助研究經費」，很快就成了比爾的左右手。比爾一天都缺不了她，不只開會，連教書都請海倫陪著。海倫是個勇於表達的人，知道自己要什麼，不只對人，連對神明，都是同一的態度。

　　她很喜歡一人靜靜地坐在教堂裡思考，偶爾會在祭壇前點一支蠟燭，告訴上主她的需要。有一回，她得到的答覆是，她不會得到正在申請的研究經費，她直截了當地跟上主說，"It's not negotiable！"（不准討價還價！）結果還是她贏了。

　　不難想像性格強硬的海倫與溫和敏感的比爾湊在一起，好戲就開鑼了。他們兩人在公事上合作無間，但私下常常為一些芝麻小事關起門來吵架，不只上班吵，下了班以後，一回到家，拿起電話筒還可以繼續吵個個把小時。

　　到了週末，海倫仍喜歡與比爾湊在一起，不管比爾的朋友或家人歡迎與否，比爾一有派對，她一定插上一腳。比爾知道甩不掉海倫，乾脆在自己家中為海倫加蓋了一間她的專用客房。他的朋友屢次勸比爾，既然那麼頭痛海倫，為什麼不開除她算了？直到《奇蹟課程》出現以後，比爾才明白自己為什麼開除不了海倫，因為他們之間前世有約，此生將共同完成一個秘密任務。

　　這對歡喜冤家可以在辦公室裡吵得面紅耳赤，然後坐下來開始記錄《奇蹟課程》的〈學員練習手冊〉，好像什麼事也沒發生過。他們什麼小事都能夠起爭執，唯獨《奇蹟課程》，他們從未有過異議或爭吵。

　　我們都知道，海倫是接收訊息的人，但若非比爾在旁支持鼓勵著她，她根本不可能完成這一任務的。比爾回憶說，海倫對筆錄《奇蹟課程》這事，怕個半死，每天早上她把前夜的速記草稿念給比爾打字時，情緒非常激動不安，常常念了幾句就準備棄卷而逃。比爾必須騰出一隻手來，扶著海倫的肩膀，安撫她繼續念下去。所以《奇蹟課程》的早期資料可說是比爾一隻手在鍵盤上敲出來的。

　　除了工作上的密切互動以外，比爾與海倫夫婦儼如一家人，不論到哪裡，常見他們「三人行」。直到肯恩與茱麗出現，他們的關係才稍微有了一些轉變。海倫的焦點開始轉向肯恩，他們一起整理校對《奇蹟課程》，只要肯恩一天沒來報到，她就擔心肯恩出事。肯恩常笑她說，還好她沒有小孩，否則孩子會被她愛死！

　　當時也住在紐約的茱麗，常把比爾請到家中，躲開海倫的控制，但比爾與海倫的內在聯繫仍然非常強烈。茱麗後來遷到加州，透過「心靈平安基金會」推展《奇蹟課程》。比爾也退休了，經不住茱麗的力邀，搬到加州來住。海倫為此憤怒不已，為了安撫海倫，比爾住在加州那幾年，不論客居

何處，每到了晚上七點鐘，必會打電話給海倫。茱麗說，海倫會在電話的那一頭繼續責怪比爾的離開，她會叨叨不休地訓他一個多小時。

海倫的一生演活了我們是如何在小我及聖靈之間往返不定地做選擇的樣板戲。Jampolsky說：「當海倫的頻率轉到『那聲音』的頻道時，她仁慈而且機智，像天使一樣；當她回到小我的頻道時，可厲害得很呢！」

海倫對《奇蹟課程》愛恨交織，心理矛盾到了極點。她又是一個非常誠實而坦蕩的人，從不掩飾這一矛盾，所以常會聽見她說：

「我知道它是真的，但我就是不願相信它！」

「啊，它講得這麼美，我恨死了它！」

「我知道它是真的，但我也知道自己做不到，所以連試都懶得去試一下。」

這種矛盾與抗拒的心態，使海倫晚年活得極其辛苦，儘管她先生與比爾呵護有加，而且茱麗和肯恩奉之如母，她還是活在焦慮與恍惚中。

當她知道自己的大限已至，卻還心有不甘地問肯恩說：「為什麼我要死了？」（Why am I dying？）

「祂才好放手去做祂的事。」（Get out of His way）肯恩極其溫柔地答覆。

海倫同意地點了一點頭，她心裡清楚得很。

海倫擔心後人神化她的角色，特別叮囑肯恩將來在她身後據實報導她筆錄《奇蹟課程》的始末。肯恩在海倫去世後十年，實踐了他的諾言，根據海倫遺留下的文物資料以及他們朝夕相處的經驗，完成了一部介紹海倫與比爾一生的作品《暫別永福》。他著墨最多的，不是一般傳記的故事性與一貫性，而是海倫與比爾面對這一奇異經歷時的內心掙扎。肯恩知道海倫與比爾並非完人，他們的任務只是傳遞這一訊息，他們永恆圓滿的本性絕不會因這書而增加或減損分毫。他採取了海倫喜愛的莎翁名劇《哈姆雷特》臨終前的一句話 " absence from felicity " 作為書名。哈姆雷特自絕以前要求好友不要陪他輕生，而應把他的故事傳誦給世人：

> 你若真的如此貼心於我，
> 請為我暫別永福片刻，
> 在這苦海浮沈的悲慘世界裡，
> 傳誦我的故事。

離世兩週以前，海倫跟茱麗告別，順便提起，比爾九個月以後也會離世。茱麗對年邁的比爾已經生出依戀的心，非常反感地想到：「你要走就自己走，幹嘛又要把比爾拖下水

！」比爾事後安慰茱麗說，他知道，而且已經準備好了。茱麗驚惶地反駁：「不，你不可能走，你還沒有準備好，你和某某人及某某人的關係還未了結。」比爾笑說，他已經拜訪過他們了，一切沒事了。

當《奇蹟課程》流傳開了以後，各地的學員湧進茱麗的家，想向比爾表達仰慕之情。生性內向害羞而且最不喜歡鎂光燈的比爾終於決定離開這熱鬧的場所，遷至加州南部，了無牽掛地怡情養性了好幾年。

當他再度拜訪茱麗時，茱麗邀請好友同聚，為比爾洗塵。比爾跟忙著準備的茱麗說，他想出去散散步，茱麗望著這位年邁的親人，不忍說「萬一你出事了怎麼辦？」，而改口說「萬一你迷路了怎麼辦？」比爾微笑著說：「我若趕不回來，你們就別等我，開始你們的派對。」當他徐徐步出茱麗的家，碰到正要開車進來的Jampolsky的妻子Diane，他親切地站在車窗旁與Diane寒暄了一陣子，就離開了。Diane回憶說，她在汽車的後視鏡裡看到比爾離去的背影，內心突生一個念頭，如果此生再也看不到比爾，她也能夠安心了。

就在下一個轉角口，比爾心臟病發作，安然離去。

※

　　與我一起參與這場盛會的兩位讀書會朋友都是比爾的舊識，其中一位在當年幾乎每週都去探望比爾，她聽著肯恩與茱麗的口述，不斷地會心微笑，不停地拭淚。長達六、七小時的口述結束後，我只聽到她輕吁一聲，一語雙關地說：「這是最好的結束，這是最好的結束！」

《奇蹟課程》的筆錄者海倫・舒曼與比爾・賽佛

海倫與比爾筆錄期間任教的
哥倫比亞大學長老會醫院正門

比爾、海倫、茱麗及肯恩1975年的合照

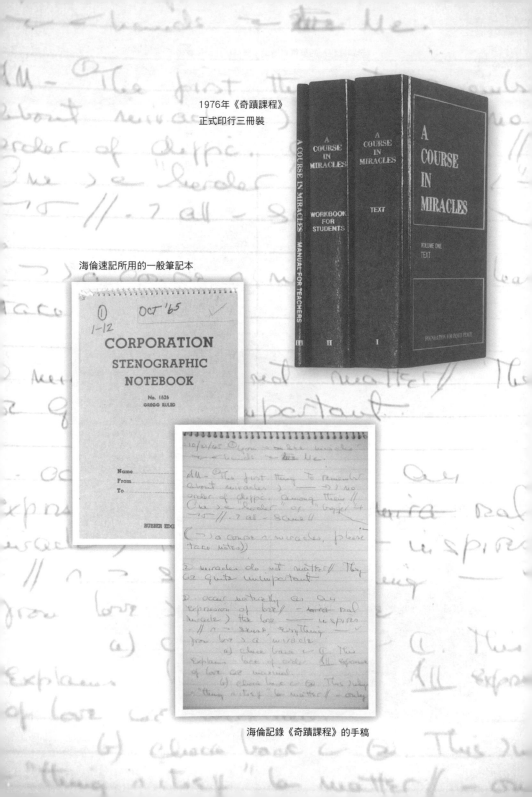

1976年《奇蹟課程》
正式印行三冊裝

海倫速記所用的一般筆記本

海倫記錄《奇蹟課程》的手稿

奇蹟課程發行機構「心靈平安基金會」
負責人Judy and William Whitson

奇蹟課程教學機構「奇蹟課程基金會」負責人
Gloria and Kenneth Wapnick

奇蹟讀者的唯一相同之處，

就是他們都擁有一本「藍皮書」。

# *2* 直到今日

　　《奇蹟課程》對海倫而言，始終是個不可告人之秘，被她鎖在系辦公室的鐵櫃裡。從一開始她就跟這部書劃清界限，聲明自己不是作者，也不願擔負任何解說或傳佈的責任。所以《奇蹟課程》可以說是它自己從鐵櫃裡面走出來的。

　　每一位被召喚參與發行工作的人，回憶起自己與這部奇書的因緣，都能說出一段奇妙的邂逅，而出版的過程更是一個接一個的「奇蹟」在後促成的。很快地，這群元老們明白了，這部書有它自己的意旨，他們只是自願配合的人而已。

　　在某種靈性指示下，他們選擇了「非商業」、「非宗教」的途徑，成立「心靈平安基金會」，負責出版事宜，他們唯一的任務只是將這部書公諸於世而已。既不做宣傳，也不經由書商的網絡，以郵購的方式發行，僅憑讀者之間的口耳相傳，就一版再版，供不應求。

　　《奇蹟課程》問世不久，曾引起心理學界的兩極反應，1977年新時代雜誌大力推薦，使銷售量增至一年七千五百本

，1980年又被心理雜誌大力抨擊，年銷售量暴增至上萬冊。基金會的負責人茱麗有感而說：「別人怎麼說這本書，一點都不重要，只要把書名拼對了，它就能吸引有緣的讀者上門。」

隨後，在美國又陸續出現了好幾位暢銷作家，用自己的心路歷程為《奇蹟課程》的觀點作證，硬是把這部艱深難讀的經典炒熱到一年銷售十萬本以上的記錄。

《奇蹟課程》普傳開來以後，由於沒有一個權威性的核心機構管制，各種型式的奇蹟團體如雨後春筍般四處林立，出現了教會、慈善機構、心理治療中心、互助團體以及散佈在小城村鎮的讀書會。「奇蹟」一詞突然變成了商場上的新寵，屢屢出現於電視劇、脫口秀、書刊以及咖啡杯上。

於是，與海倫一起編輯的肯恩決定成立「奇蹟課程基金會」，負責解說與教學的工作，從此，《奇蹟課程》便在這兩個基金會的保護下，與商業化和教條化的趨勢奮鬥至今，設法保存原書的精神。同時嚴格監督翻譯的過程，不論譯為何種語言，面對何種宗教背景或文化習俗，力求忠於原貌，絕不夾雜個人的詮釋與潤飾。

由於基金會本著書中指示「任何人只要決心成為上主之師，他就是」的原則，不曾設立教師鑑定制度，全憑學員們各展神通。二十多年來，我們看到Tara Singh的非商業化

靈修運動，以不涉及金錢的方式來推動心靈的工作；Jon Mundy 建立信仰交談聯盟（Interfaith Fellowship）；Robert Perry 成立研習中心；Tony Ponticello 將他的奇蹟中心在州政府正式註冊為教會，頒發牧師證書；Chuck Anderson 自立為無上師（Master Teacher）；Beverly Hutchinson 成立奇蹟文物流通中心，成為國際間唯一的非官方聯絡中心，除了每月近萬份的通訊以外，還提供電話服務，在他們網站上登錄的至今已有兩千多個讀書會了。

還有更多身受其惠的讀者，將書中的觀念運用在他們的職場中，寫成不少膾炙人口的專業書籍。例如律師 Alan Reid 根據《奇蹟課程》的觀點，寫出一本 "*See Law Differently*"，他提出六個原則，幫助進行訴訟者在法律過程中免受二度傷害。另一位律師 Bob Plath 在加州重刑犯監獄 San Quentin 成立《奇蹟課程》讀書會，使死刑犯 David Magris 在心理與身體上都重獲新生，如今他與當年幾乎死在他槍下的受害人一起積極進行囚犯的心理復健工作。波士頓的奇蹟學員 Robin Casarjan 專為囚犯寫了一本 "*House of Healing : A Prisoner's Guide to Inner Power and Freedom*"（治癒之家：囚犯重獲內在力量與自由的指南）。

西方的讀者群多屬於成年知識份子，幾乎遍佈每一城鎮，你若想參加讀書會，在一個略具規模的城市裡找到七八個風格各異的奇蹟讀書會，絕非難事。由於此書不把「幻相當真

」，學員們通常只是默默地在自己的生活圈裡發揮寬恕的精神。即使絕大多數的奇蹟學員都是無宗派的死忠份子，基於這部課程的「低調」風格，你很少在現實社會中看到「奇蹟課程」的招牌，它始終隱身於每個追求心靈的人士與行業中。直到最近，《告別娑婆》一書的出現，再度把《奇蹟課程》炒熱，然而，不論故事多麼神奇，它所傳述的依舊不外乎那平淡無奇的「寬恕」。

猶記得，中文版付梓後，「心靈平安基金會」會長茱麗曾問過我：「你認為《奇蹟課程》在華人圈中會吸引哪一類讀者群？」我毫不猶疑地答道：「基督徒不會接受通靈而來的書籍，佛教徒也不會去看充滿基督教術語的書的，中國知識份子對基督教普遍缺乏好感，剩下來的，就沒有多少人了！」

誰想到，當我懷著忐忑不安的心情帶著《奇蹟課程》返回台灣時，已經有一批「久聞其名」的讀者在等候它的來臨了。資訊靈通的台灣出版界也早已引進了《心想事成》、《福至心靈》這類融合奇蹟觀念與企業的書籍。Dr. Deepak Chopra的《福至心靈：成功致勝的七大精神法則》，就打破了心靈世界與世俗成就之間的森嚴壁壘，直接以奇蹟理念來開啟成功與富裕的內在動力。常在美國PBS電視台演講的Robert Roskind在他的 " In the Spirit of Business " 一書中，直接把《奇蹟課程》的抽象理念轉化為《工作與生活的

雙贏策略》（台灣譯名）。難怪在短短的六七年間，華文讀者竟也自行組成了二、三十個奇蹟讀書會了。

　　《奇蹟課程》從不自視為唯一或至上的靈修途徑，雖有千萬個讀者為它的成效作證，卻很少人能說得清楚這類脫胎換骨的過程究竟是怎麼發生的。我們只是常常聽到學員分享說：「我只能這樣說，它對我確實有效，我只知道，這部課程訓練使我面對內在最難纏的敵手——我自己。它幫我清除了心理的抗拒與障礙，代之以少批判多關懷的心態。如此而已。」

　　《奇蹟課程》出現於二十世紀末，準備陪同人類進入新的千禧年，自然有它獨到之處，但這一特色只是為了解除「特定時空」的人類的獨特心態而已。它的本質「永恆如是」、「本來如是」，不應成為滿足我們「獨特性」需求的工具。肯恩常提醒那些熱過了頭的學員說：「別忘了，這不過是一本書而已。」

　　當《奇蹟課程》完成時，海倫與協助發行的元老們都一致以為這本書是為了少數的知識份子而準備的，誰知，從它發行影印本以來，可說是無遠弗屆，跑得速度之快，令工作人員追趕不及。美國第一版的印刷費竟是來自一位素昧平生的墨西哥商人；十幾年前，當我剛剛開始翻譯時，遠在中國昆明，就有一位讀者寄給基金會十章《奇蹟課程》的中文譯稿了；當柏林圍牆倒下，東歐剛剛開放，幫我審稿的沈錦惠

博士，竟在布達佩斯的報攤上看到了《奇蹟課程》。

　　根據奇蹟文物流通中心的調查，《奇蹟課程》的讀者涵括了社會的每一階層、每一行業、每一宗教，很難找出任何共通的特質。找到最後，他們做了一個結論：「奇蹟讀者的唯一相同之處，就是他們都擁有一本『藍皮書』。」

你若只往自己身上找，是不可能找到自己的，

每當你與弟兄在一起，你就會懂得自己的真相。

# 3
# 奇蹟讀書會的宗旨與精神

## Q & A

---

## 1. 為何需要組織讀書會來練習《奇蹟課程》？

---

**問：為何要組織讀書會？**

**答：**人生的際遇絕非偶然。在生活的每個角落都會出現幾位為我們指點迷津的老師，在旅途的每個轉角，也會遇到等著我們協助的學生，我們隨時隨地都活在生命課堂的偉大教學計畫中。

即使是萍水相逢的過客，都可能改變我們一日的心情，甚或一生的想法；我們無心無意的反應，也會在時間的幻相中，慢慢地浮現出它的意義。然而，這種零星的邂逅所帶來的教學效果仍是有限的。

還有一種教學道場，即是比較固定而持續的人生伴侶，也許是夫妻，也許是親子，也許是道友，也許是長期的工作伙伴，也許是不打不相識的歡喜冤家。這種親密關係原是修

行的「增上緣」，但正由於它過濃的密度所引發的強烈情緒，常攪得烽煙四起，親仇難辨，雙方都忙著自衛與攻擊，反而難以認出對方所要帶給自己的啟發。

在這親疏兩極之間，我們還可以自行組織一種比較安全的實驗道場，邀集一些舊識或任何有緣之人，建立一段比較緊密而且持久的關係，陪伴我們在特定的一段時間內達到學習的高峰，這便是組織讀書會的意義。

在這教與學的互動下，雙方都學到了「施與受原是同一回事」。他們在彼此的角色、心靈、身體、需要、興趣之間所劃的界限，開始模糊、淡化，終至消失。凡是真心想要學習這一課程的人，不自覺地朝著破除個人的獨特性而邁向一體的目標前進。於是，原為學徒的，搖身一變，成了彼此最好的老師了。

《奇蹟課程》基本上是一部自修的教材，專為忙碌的社會中人編寫的，無須團體亦可自行操練。但由於此書重在實踐，要學員將這一套截然不同的思維模式應用於人際與生活中，故若有一群朋友互動，不僅能相互砥礪，也有一個道場，歷歷反映出彼此心念的投射，不失為修行的一種助緣。

故「奇蹟讀書會」有別於一般「互助團體」，它不是供一些孤寂的靈魂在冷漠的世界尋得一些慰藉，而是讓我們學習如何放下判斷、創造奇蹟的實驗室。我們需要別人反映出

我們不敢面對的暗角，我們需要試著寬恕他人來寬恕自己，因為《奇蹟課程》指出我們是不可能孤伶伶地一個人回家的，我們必須先在彼此身上認出自己，才可能回歸圓滿一體的生命實相。《奇蹟課程》說得不能再清楚了：

> 你若只往自己身上找，是不可能找到自己的，因為真實的你不是那樣的。每當你與弟兄在一起，你就會懂得自己的真相，因為你所傳授的是真實的你。（T-8.III.5:7~8）

## 2. 如何才是正確的共修方式？

**問**：我們開始練習〈正文〉了，許多地方都一知半解，大家習慣根據過去所學，甚至拿網路上道聽途說的資料胡亂詮釋一通，我有一點擔心這種共修方式是否正確？

**答**：《奇蹟課程》不是供人研究的，甚至不是供人關起門來練習而已的，它要人具體地「活出來」。因此讀書會應盡最大的努力幫學員「活」起來。若有些詞句不明白，甚至誤解了某個觀念，so what？《奇蹟課程》的編寫方式就是：不必全懂，也一樣能由某些練習中獲益，即使誤解了這一段，也不打緊，還有好幾百課正等著為你澄清問題呢！

我們最近也出版了「奇蹟研習一理論基礎班」的DVD教

材，即是為新入門者準備的，在讀書會成立之初，大家若能先共修這一教材，必會減少日後對此書的誤解與爭執。

　　然而，最重要的是：我們不需要正確無誤或完美無缺，才表示自己是《奇蹟課程》的學徒，這些自我期許不過反映出小我的傲慢而已。「追求完美」幾乎是一般宗教的通性，卻是練習《奇蹟課程》的障礙。《奇蹟課程》只要求一顆「小小的願心」就夠了，而讀書會正是基於「願與不完美的兄弟姊妹共同寬恕彼此的過去」這小小願心而聚在一起的。因此，我由衷希望維繫奇蹟讀書會的力量是學員之間的諒解接納，而非高深的知識。

　　讀書會是學員們分享自己生活經驗的場所，為每天發生在周遭的小小奇蹟做見證。學員在分享與聆聽的過程中，只需敏銳地察覺內在的情緒反應，也就是小我對他人言行所激起的反應模式，讀書會就算發揮了它最大的功能了。

　　真正深入《奇蹟課程》的學員都明白，這部書真正的艱難處，不在於它的文字，而是它老把我們想要隱藏起來的小我心術揭發於我們眼前，常把小我激得坐立難安，甚至當場抓狂，而這正是我們彼此擔待的時候了。彼此提醒：「不要怕，看清楚你正在想什麼，正在做什麼；知道這並不算什麼，就行了。」就是這種充滿寬恕的自我觀照，讓《奇蹟課程》免於陷入「新時代思潮」可能產生的虛浮傾向。

靈修不是尋夢追星之旅,它的理想境界雖然帶給人許多憧憬,但修行的過程一點都不浪漫,在它揭開舊傷之際,常會引起錐心之痛的。你們既然已經進入研讀〈正文〉的階段,必然共修了一段時日,在此之際,不妨誠實地反問自己:

❖ 自從我修「奇蹟」以來,自己心內以及與人的關係上,真的更為安定平和了嗎?

❖ 當我遇到困難時,我的抱怨是否減少了,耐心是否增長了?

❖ 我與周遭的關係是更加契合,還是日漸疏遠?

❖ 對自己的環境更加關切,更能相通了嗎?

❖ 我對生命源頭的超然境界的感受與領悟是否更深或更近了?

這才是《奇蹟課程》的真正宗旨。

## 3. 誰是帶領「奇蹟讀書會」的最佳人選?

**問:**怎樣的人才是帶領「奇蹟讀書會」的最佳人選?

**答:**在人間,我們常將老師這神聖的任務保留給台上的人,似乎只有在講台、舞台、祭台與司令台上的人才負有教誨之

責。其實，生活在有形身軀下的我們，一言一行，一顰一笑都在傳遞某個訊息，都在示範某種人生信念，不論有心或無心，我們沒有選擇的餘地，我們都在「教」人。

《奇蹟課程》把傳遞「奇蹟心懷」的人稱之為「上主之師」（The teacher of God）；然而，基於「自教自學，互為師生」的理念，《奇蹟課程》的「上主之師」未必是什麼高僧大德，它說：

> 任何人只要決心成為上主之師，他就是。他只需具備這一點資格：他在某時某地，以某種方式刻意地作了一個決定，視自己與別人休戚相關。……即使他仍然不信上主。他業已成為傳遞救恩的使者。成了上主之師。
>
> 他們來自世界各地。來自各種不同的宗教背景，甚至毫無宗教背景。他們就是那些答覆召叫的人。（M-1.1:1~7,2:1~3）

上主之師並不屬於一種特殊身分，只代表了一種願力，他甚至不需要有宗教信仰，最多只表示此人已覺醒於「我們互為師生，自教自學」的事實，並且有意促成這日行而不知的互動關係而已。

那麼，誰才是組織讀書會的最佳人選？通常不是「好為人師」的人，反倒是那些自認為不夠完美，沒有資格領導

的人，台灣的奇蹟讀書會就是最好的前例，早期的讀書會都
是在學員想要找人陪讀的「學習」動機下所促成的共修因緣
。正因：

> 他們並非十全十美，否則他們就不會在此出現
> 了。然而，他們的使命是要在此世變得完美，
> 因此他們會以種種不同的方式，一遍又一遍地
> 教人完美之道，直到自己學會為止。然後他們
> 就會消失蹤影，而他們的想法卻永遠成為力量
> 與真理的泉源。（M-Intro.5:5~7）

《奇蹟課程》在西方流傳了三十多年，形成了許多頗具
規模的教學團體，也培養出各色各樣的領導人物，挾著《奇
蹟課程》宣揚個人獨特的見解與經驗。我們基本上歡迎這類
交流與分享，《奇蹟課程》正是透過這些熱忱學員的使命感
而廣傳出去的。

然而，「心靈平安基金會」三十多年來一直在與「奇蹟
學員想把此書變成宗教」的傾向抗衡，它從未設立奇蹟教師
的甄選或鑑定制度，只要不違反一般出版社的版權法及商標
法，任何人均可以為《奇蹟課程》的理念作見證。

傳統的宗教教導我們由神或佛身上去瞻仰「神聖」，在
教主或大師身上去體驗「美善」，形成膜拜式的信仰。《奇
蹟課程》不以教主的身分，而以「一本書籍」的形式出現人

間，有意修正前二十個世紀的宗教狂熱及英雄崇拜的信仰模式，這就是它要為人類指出的另一條路，它教我們如何在凡夫俗子身上認出表相下面隱藏的完美自性，只要是以此為人生鵠的之人都有資格稱為上主之師，與身邊的弟兄互為師生地邁上奇蹟的旅程。

## 4. 讀書會應採取「自助式」或「導遊式」？

**問：讀書會應採取自助或導遊的方式？**

**答：**有一群奇蹟學員聚在一起探討自己的讀書會該採取何種形式，得到兩種截然不同的結論，某些人期待這趟奇蹟之旅應有個導遊，有些人則建議自助式的旅行，我覺得這一描述非常有趣，也十分貼切。

　　讀書會的形式，原則上應隨著學員的需要而定，它沒有一成不變的模式可循，更沒有好與壞的評定標準，學員們應在聆聽、體諒、關懷的氣氛下，自行摸索出最貼切的進行方式。但由於《奇蹟課程》中文版問世之初，絕大部分的讀者都在尚未讀過〈正文〉的窘態下開始操練〈學員練習手冊〉，要等待一位稱職的導遊來帶領，讀書會便難以開始了。所以早期的奇蹟讀書會不能不採取自助式的。

　　讀書會，顧名思義，原本只是三五好友聚在一起讀讀書

，說說學習心得而已，與演講或研習會的性質大不相同。《奇蹟課程》既然已經提供了豐富的教材，所強調的又是生活實踐，實在不需要一位博學多聞的領導者。相反的，為促進分享的廣度與深度，還應特別避免師父式的帶領或演講式的說教。強勢的領導與規劃往往會剝奪了學員開啟內在智慧的機會。

自助式的型態還能修正靈修人士的痼疾。在權威式的教育下培養出來的中國讀者，早已習慣向外尋求指示或答案，遺忘了始終臨在於我們心靈深處的上師。《奇蹟課程》逼著我們長大，催著我們自立，它用365課引領我們向內尋找安全感的真正所在。而奇蹟讀書會為大家提供了一個安全的環境，放下批判，以接納與寬恕給予彼此一些探討的空間。

開始時，團體愈小，愈容易建立默契。初修者不妨邀請五、六位志同道合之士，以「有所揀擇」的方式自行開闢「奇蹟之旅」的第一個道場。在默契還沒有建立起來以前，可能需要訂立一些規則，更好是大家輪流充當主持人，維繫交流管道的通暢即可。完成了一年的課程以後，通常會出現幾位體驗較深的學員，發揮了「上主之師」的功能，吸引新的讀者，於是，讀書會的性質會由自助式而逐漸轉型為導遊式了。

## 5. 讀書會變成了團體諮商是正確的方向嗎？

**問**：倘若讀書會逐漸演變成了團體諮商，這是否是一種正確的方向？

**答**：讀書會藉著學員間的分享、聆聽與接納，自然會帶給學員一些治癒的經驗，這只能算是讀書會的副產品，絕非它的本質或目標。

《奇蹟課程》的心理治療是自我治療，而非治療他人。我們對他人的幫助往往是間接的或無心的。當自己接受了「正念」而獲得治癒時，同時也為生命的美好作了一個見證，因著心靈與心靈之間自然的感通，會使他人更容易接通自己內在的力量。這是一種感通，而非說服。

《奇蹟課程》與心理諮商最大的不同處，即是它雖然也如「心理分析學」一樣刺入人性的幽暗面，但它致力於在他人不完美或脆弱的表相下看出對方本來完美的真相以及百害不侵的能耐，藉此而發掘自己內在的神聖本質，使自己得以與他人一起獲得某種心靈治癒。

心理諮商正好相反，它的前身是佛洛伊德的心理分析，屬於一種病理學（Pathology），醫師是以一種優越的身分以及專業的技巧，揭發小我壓抑與投射的伎倆，幫助病患找出隱藏的病徵。在心理分析下，沒有一個人是正常的。

你可聽過這個笑話：一個人去心理診療所接受諮商時，如果他遲到了，諮商師會認為他有逃避的傾向（Avoidance，Denial）；如果他早到了，表示他可能有神經質的徵兆（Neurotic）；如果他準時到達，諮商師會懷疑他有強迫症的傾向（Compulsive，常被某種行為模式控制）；如果他提早離開，顯示他的抗拒（Resistance），如果他賴著不走，表示他有依賴症（Dependent）；如果他愛上了諮商師，則是情緒轉移（Transference）。總之，只要你掉入心理治療的領域，就是豬八戒照鏡子，怎麼照都不正常。

雖然《奇蹟課程》前後127次提到人類的「神智失常」，但它同樣強調，著眼於病徵，不會帶來治癒或解脫的力量，指出別人的缺點或毛病，本身即是一種攻擊，削弱他人力量的手腕。當我們面對某些自覺一無是處或身染重病的朋友時，我們更應學習尊重，如果他還沒有準備好面對自己的問題，沒有人有權利強迫他去學我們「認為」他應該學的課程。

因為許多歷經滄桑的人，痛苦成了他們的生命特質，「受害者」成了他們的在世商標，不論多麼悲苦，他們是不會輕易放棄自己所熟悉的經驗的，只因那是他們心目中所擁有的唯一世界。我們最好只是陪伴在旁，耐心地為治癒、健康、幸福作活見證，直到他內心的恐懼消失，自願由痛苦中走出為止。

我們若發現自己老喜歡解答別人問題，當別人不接受時，

自己還會生出怨憤，我們便知道，這是小我正在迴避自己的問題的一個徵兆，趕緊收回投射，重新去看，才是正著。

　　「心靈平安基金會」出版了一本關於心理治療的小冊子《奇蹟課程補編》，把《奇蹟課程》的治療觀念提綱挈領地作了一個綜合。如果讀懂了那本小冊子，我們大概就不會隨便去挖人隱私或自命為輔導了。

## 6. 我心裡很排斥領導的角色

**問：我不喜歡目前參加的讀書會，又不想自己組織讀書會，因我對「領導」的角色有強烈的反感，不知什麼原因。**

**答：**我們每一個感受或決定的背後，都有一連串的理由，有些是意識到的，有些是不自覺的，有些是不可告人，自己也不想面對的。全看你願意挖得多深而定。

　　我還記得上回返台時，我們聊過個把鐘頭，你不只為我把當地讀書會做了一番評估，還把幾個核心人物剖析了一番。我不能不說你的評論甚有見地，可圈可點，大概這正是現任主持人鼓勵你成立讀書會的原因。記得否？我當時也曾開玩笑地問了一句：「那麼你何不用這些理念試著帶一班？」你楞了一下，立刻以誇張的表情說：「哈！我才不會笨到那種地步去帶領別人呢！想都別想！」

為什麼呢？你在台下充滿了領導的睿智，為什麼請你上台時，你開始退避了呢？你在怕什麼？怕活不出你自己擬訂的「領袖形象」？顯然的，你絕不是能力不足，你怕的其實正是你對其他領導者的批判。

這是《奇蹟課程》另一種「因果律」：當你批判一人或一物時，你便與它對立起來了，於是你開始害怕自己所批判的對象。只因你相信自己的攻擊有殺傷力，對方一定會予以反擊，而且他若可能受到傷害，你一定也會受到對方的傷害。

這讓我想起一位飽讀經書的朋友，我常因他犀利的評論而大開眼界，三番兩次地邀請他演講，他卻以「上台恐懼症」而推辭了，我百思不解，這樣妙語如珠的人怎麼可能會有「上台恐懼症」？直到有一回，我們一起參與一個講習會，他在台下不斷地發問，拐彎抹角地指出主講者的錯誤，休息時間，也在學員中批評主講者的觀念。我才恍然大悟為什麼他不敢上台演講。這讓我想起《奇蹟課程》對人際關係提出的幾個重要原則：

❖ 凡是你所不願寬恕的，你便會害怕他。

❖ 你若攻擊自己的弟兄，便無法知道他的真相。

❖ 你的批判已經把他變成陌生人，你再也認不出其真相了。

❖ 正因你把他當作陌生人，你才會怕他。

❖ 你若攻擊他人的錯誤，勢必傷害到自己。

　　你曾想參加「領袖訓練班」來幫你驅除內心的恐懼；我卻認為，你若能試著接受讀書會現任的領導者，我相信你對權威的抗拒也會一併治癒的。你以前習慣以學員的身分學習《奇蹟課程》，等你開始以主持人的身分學習時，我相信你的領悟必然有所不同。

　　最後，我用這一段禱詞來祝福你，當你心生畏懼或抗拒時，不妨誦念一下，它會有安心作用的：

　　　我在這兒，純粹是為了真正想要幫忙。

　　　我在這兒，是代表派遣我的那一位。

　　　我不用擔心該說什麼或做什麼，派遣我來的那
　　　一位自會指點迷津。

　　　祂希望我去的地方，我欣然前往，因我知道祂
　　　與我同行。

　　　只要我肯向祂學習救治之道，我便會得到救治
　　　。（T-2.V.18:2~6）

## 7. 每個人的經驗都是獨特的，個人的分享豈不會誤導別人？

**問**：不知為何，我對於「分享」這個行為有一莫名的反感，總覺得別人分享的事情不過是他人成長過程中的片段，是很獨特性的（針對自己的狀況所展現的），並不適用於每個人，還可能誤導他人。因此對於共修的意願也相對地減低。最近看到種種新的訊息，好似非要加入某共修團體才能取得，基於對真理訊息的渴望，我似乎必須轉化此念頭，能否麻煩你為我闡釋「分享」的真實意義？謝謝。

**答**：我很了解你的感受。我們各自出自不同的家庭或文化背景，好不容易建構出一個自己比較能夠容忍的自我，當然不希望聽到一堆會動搖這一自我認同的不同說詞。我們雖然不喜歡改變，自己卻如「強迫症」者一般，終日期待著他人的改善。在這樣微妙的互動關係下，我們早已學到一種應世的智慧，「保持距離，以策安全」。

然而，《奇蹟課程》所要治癒的，正是每個人心中緊抓著不放的「個別性」與「獨特性」，不論你參不參加團體，人與人的隔閡與防備乃是我們求生的本能，埋藏在潛意識或意識中（端視一個人自覺到哪一層次而定）。讀書會或共修會，不過提供了一個「比較寬容」的團體，讓我們隱藏的妄念或業力投射出來。這有一點「化暗為明」的功效。

　　在我正式答覆你的問題以前，容我先跟你「分享」一個經驗。不知你參加過「九種人格類型」的心理課程沒有？它是以「問卷」的方式，幫學員看出自己大致偏向那一類型的性格，然後讓類似性格的人聚在一起，進行一連串的討論及遊戲，讓彼此更清楚地觀照出這類性格的正面與負面的特質。當時，年輕氣盛的我，由問答中認出自己偏向第四類型：「特殊型」，當我興沖沖地找到自己的群組時，既驚訝又失望地發現那兒竟然已經聚集了一堆「自以為很特殊的人」。這一群組的人當時都有類似的反應：「我一定找錯了群組，怎麼會有這麼多人跟我『一樣特殊』？」殊不知，這種感受正是第四類型的註冊商標，對第四類型的人而言，「與人相同」幾乎成了「庸俗平凡」的代號；「與人相同」成了抹滅自己特殊價值的罪過。

　　《奇蹟課程》對小我的這種獨特需求有一段露骨的描寫：

> 每一個偶像的崇拜者（即小我），都暗自希望
> 他的特殊神祇能給他比別人更多的東西。必須
> 多一點。不管是多出什麼東西，多一點美貌，
> 多一點智力，多一點財富，甚至多一點煩惱或
> 多一點痛苦也好。（T-29.VIII.8:6~8）

　　於是有些人力求清高，有些人不惜殉道，有些人甚至罹患不治的絕症，都在暗中較勁「誰活得最不尋常」！

　　《奇蹟課程》提醒我們，「希求不同」的心態，外表上可能無傷大雅，其實，推到究竟，那正是天人分裂的起點。為了「與人不同」，原本同一的心性投胎到不同的形體裡去；為了「與人不同」，人們開始追求一個特殊伴侶，生一個特殊的兒子；為了「與人不同」，你我到頭來感到天地負我、草木皆兵。因此，「與人不同」乃是我們孤獨地來又孤獨離去、下輩子還不能不來的主要原因。

　　《奇蹟課程》把人性「希求不同」的隱藏心態、具體伎倆以及衍生出來的淒涼後果三者，為我們串聯成為一套思想體系，給它一個名稱，叫做 ego，即所謂的「小我思想體系」。

　　那麼，若要破除這根深柢固「與人不同」的希求，顯然的，只有一途，即是「善與人同」。然而，我們的世界當初就是為了「活得不同」而投射出來的，你只需放眼一望，果然不假，沒有一片葉子、沒有一滴水珠是相同的，在這樣的環境裡，我們怎麼去修「善與人同」的功夫？那豈不是否定現實嗎？

　　正是！**《奇蹟課程》就是要我們否定現實生活中的分別幻相。**若要逆轉天人分裂之途，我們必須從這個根深柢固的「分別心」下手，學習在我們彼此的「分別相」之下，看到人心共有的同一個「痛」，同一個恐懼，同一個渴望，以及同一種身不由己的無奈心情。

　　而讀書會的功能，有一點像西方的「中途之家」，當囚犯服役期滿，回歸社會以前；或心理病患完成了療程，返回原生家庭以前，常會被安排到「中途之家」去適應一段時間，免得一時適應不來又掉回犯罪或發病以前的困境當中。

　　理想的奇蹟團體一如「中途之家」，能為新讀者提供一個稍有規範，又不強制的安全地帶，去走自己的心理過程。當然，這是「奇蹟理想國」。在現實中，參與讀書會的人，仍是一群ego（小我），懷著學習的善意來到會場，嘰喳了兩三個小時，才發覺大家仍在忙著改造別人。結果，弱勢者覺得受到了批判，感到很衰；強勢者覺得好心沒好報，浪費時間。

　　但，千萬別小看這場鬧劇：壓抑─投射，攻擊─自衛，結盟─背叛，受害─迫害之間的互動，可把這《奇蹟課程》的小我給演活了。這就是我先前說的，「化暗為明」，把小我從幕後請到前台之後，我們才有面對它、寬恕它，然後放下它的機會。

　　因此，別人表現得如何，不是問題；你如何看待別人的問題，才是你這一生真正有待解決的問題。

---

## 8. 我是否該發起一個讀書會？

---

**問**：我們這兒還沒有讀書會，幾位好友老在私下慫恿我發起一個讀書會。但我很排斥「領袖」角色，我看過太多患有「大頭病」的老師了，你對此有何看法？

**答**：你的疑慮與抗拒，再度激起我對「上主之師」這一教學工具的重視。

　　不知你是否有這經驗，你在某些人面前感到很容易把自己最好的一面呈現出來；但在另一些人面前，不論如何提醒自己，臉色就是放鬆不下來，講出的話，自己都覺得很難聽，想說些鼓勵與讚美的話，就是硬梆梆開不了口。換句話說，我們與某些人的互動，比較深地箝制於小我的模式下；而有些互動，我們的防衛措施比較小，因此在不同的環境下，我們活出的形象可能判若兩人。

　　這種分裂的傾向，可由小學生在學校與家裡截然不同的表現看出端倪。你若擔起「上主之師」的角色，確實可以在你習以為常的模式之外打開一個全然不同的學習道場，重新發現自己，界定自己。因為，我們在家裡或職場中的表現，不過是「適者生存」所形成的一種存在「形象」而已，並非真實的自己；而「上主之師」的角色，則能為我們打開了另一種存在「形象」。不論是好是壞，都只是「形象」，與自

己的本來真相和自己心目中的形象有很大的差別。

雖然，「好為人師」的心態在靈修場合中常受人詬病，但在奇蹟團體裡，《奇蹟課程》把「小我」的伎倆說得如此露骨，好似緊貼在我們的鼻子上，不容我們裝瘋賣傻下去，只要你懷有接受「修正」的願心，這一角色很可能促成你由「小我的思想體系」轉向「聖靈思想體系」的因緣。

其次，《奇蹟課程》一再強調：外面的任何事件，即使虛幻的，都反映出我們內在隱藏的心態。在此原則下，上主之師遇到挑戰時，很難繼續投射，把責任推到外人（學生）的身上，只好不斷回到自己的內心去找問題的起因。

其三，當我們願意負起一些「狀似」領導的責任時，我們很快就會發現，這牽涉到「心靈」的任務，根本不是我們能夠扛得起來的。於是身為老師的，就像初為人母那樣，頓時發現自己的愛是如此地有限，所有的恐懼不安傾巢而出，不論你信不信宗教，都會身不由己地「向天求助」了。

雖然「上主之師」的真正任務說來說去不外是「寬恕」兩字，但「上主之師」的角色，會幫我們打破「自了漢」的分裂意識，而向更高的智慧或更大的力量開放。因此，「上主之師」為我們開啟的並非我們與學生的關係，而是迫使我們不能不努力經營自己與上主的關係，否則真會有「混」不下去的感覺。

　　這是我這幾年來一直鼓勵學員出來領導共修，甚至上台講課的原因，不是因為他們的才學過人，而是看出他們需要由自我走出，與上主建立更深的關係。這是《奇蹟課程》的最終目標，人間只有一種真實的關係，那就是我與祂的關係，「上主之師」的意識能把傳統的焦點由「師生關係」轉向「天人關係」。

　　昨晚我跟《人生畢業禮》的作者 Paul Tuttle 聊到半夜，他說，他在台上答覆問題時，他的責任不是與台下的聽眾連結（不像一般主講者必須時時顧及聽眾的反應與需求），而是與 Raj 連結，那才是他真正能夠給予聽眾的禮物。我聽了很感動。

　　至於你該不該成立讀書會，這是你與聖靈之間的問題，不是我能答覆的。我只能提供我自己的經驗，當我不敢確定自己的決定時，通常會轉向弟兄，他們的需要常代表著聖靈的邀請。在我的經驗中，「應弟兄之要求」而做的決定，通常是不會錯的。

## 9. 讀書會是「修練一體意識的最佳道場」，什麼意思？

問：你說「奇蹟讀書會是修練一體意識的最佳道場」，是什麼意思？事實上，不同個性與背景的人在一起分享，反而滋

生是非。讀書會常會遇到一些老是訴不完苦的會員,我們該怎麼辦?

**答**:人類的痛苦,追根究柢,源自於人與人的隔絕。只因我們在心靈深處已經與生命根源分裂了,這種內在的孤絕與恐懼,投射於外,形成了身心的分裂以及人際的對立。於是,身外的一切對我們都成了某種威脅,使我們不得不建立嚴密的自衛系統,偵測外界的風吹草動,把過去的受創經驗一一累積起來,還得不斷在心中沙盤演練,枕戈待旦。

這是人與人之間的基本互動模式,它不斷提醒自己,我們是孤立而脆弱的。

《奇蹟課程》一再提醒我們,愛才是我們生命的本質,但那好似一場遙遠的夢!因為我們每天張開眼睛,所見的總是自己不斷受傷,也不斷傷害別人;有時為自己的無能而憤怒,有時又為自己的無情而內疚。我們並不喜歡自己的形象與作為,卻常有身不由己的無奈。我們大半輩子都在忙著改變他人或環境,知道「此路不通」,如今才會想要嘗試一下《奇蹟課程》的另一條路。

這個「另一條路」便是藉寬恕他人來寬恕自己,在弟兄身上學習去看生命的無罪本質:

> 把你的焦點由弟兄的罪上移開吧！你就會感到
> 平安，平安來自於你相信人的無罪本質……你
> 若老盯著他們的過錯，那些過錯便成了你自己
> 的罪的見證。（W-181.2:5~7）

奇蹟讀書會為一群願意朝此方向努力的人，提供了一個操練的場所。然而，我們雖懷有相同的目標，卻來自不同的背景，對團體有不同的期待，各自又懷著不同的創痛。這些相異處會勾起我們深隱的恐懼與憤怒，只因我們在他人身上所見的缺失，提醒了我們內在類似的陰影。

從來沒有妒忌經驗的人，不可能指著他人說：「啊哈，他在妒忌。」一個從不自衛的人也不可能說：「哼！他在推卸責任！」或是「他在投射！」我們對別人的批判正反映出自己內在相似的經驗，我們急著想要糾正他人時，其實是想藉著解決他人的問題來撫平自己內在的自責或內疚。

> 你能在他人身上聆聽聖靈，並藉他們的經驗而
> 學習，你無須親自經歷，便能由那些經驗中獲
> 益。（T-6.I.10:5）

奇蹟讀書會教我們藉由他人戲劇性的演出而看到彼此共通的人性弱點，明白那不是罪，只是求助的呼籲，只是渴望被愛的無言心聲。奇妙的是，每當我們接受了內心隱藏的恐懼，寬恕了我們習以為常的自衛反應時，奇蹟便發生了。自

己的回心轉意不知怎地好似觸動了某個神秘的按鈕，會使對方不自覺地放下防備，和自己一起由「自我懲罰」的受害者情結中慢慢走出。

有位朋友曾對我說：「我以前總是怨嘆自己有個精神病的哥哥，直到我長大了，對自己的毛病愈來愈清楚，才看出我和哥哥的性格與想法竟然如此相似。我常在想，若不是他瘋在我前面，讓我隨時警覺到自己的異常反應，我很可能也被送到瘋人院去了！」

「十年修得同船渡」的我們，一起承荷著人類的共業，只要我們願意張開慧眼，不必事事躬親，淚洗火煉，也能透過他人的經驗而靜靜地從中獲益。

為了團體的運作，我們當然需要訂立一些討論規則，遇到有人情不自禁地壟斷分享時，主持人可以自由而委婉地提醒：「這個問題，我覺得已經分享得夠多了，我們是否可以改變話題，聽聽別人的分享？」然而，在內心的深處，我們明白對方的故事絕對不會與我們無關，不論外在採取何種應對方式，心裡卻始終對他懷著感恩與祝福：朋友，謝謝你為我走了這一段艱辛的路。

## 10.「奇蹟讀書會」的基本精神與運作原則？

**問：能否再談一談奇蹟讀書會的基本精神與運作原則？**

**答：就是「聆聽」與「寬恕」。**

　　《奇蹟課程》有自己的一套語言與思考方式。經過一日一課的薰習，我們已能將那套術語朗朗上口；訓起人來，更是三句不離本行。愈是認真的學員，愈清楚小我的習性以及它的運作模式，於是，他人的言行思慮從此難逃我們的「法眼」，修行的箭頭會不自覺地轉向，開始藉著「幫助」修正別人來解決自己的問題。

　　活在物質世界及肉體中的我們，舉手投足之間隨時都會踩到別人的腳，傳統的修行總是提醒我們：如何善盡自己的職責，如何改善人際關係，如何除去我們的缺點，如何增進我們的美德……，《奇蹟課程》卻說：Forget it！（死了這條心吧）每個人都在造自己的境，消自己的業，享自己的福，補自己的課，沒有人能為他人的苦樂或世界的成敗負責；烏托邦的夢想原是小我誘惑你以世界為家的伎倆。淨土不在世上，而是在我們的心裡，它只存於「寬恕了自己也寬恕了世界」的慧眼裡。那才是我們在讀書會裡要學的本領。

　　《奇蹟課程》一再提醒我們，我們在他人身上看到的，全是自己的問題。徹底解決問題之道，既不是急著改變自己

，也不是糾正對方，而是透過聖靈的慧眼，看穿外在事件是
非對錯的表相，認出對方的純潔無罪，這便是寬恕的真諦。
因為「寬恕自己」與「寬恕別人」根本是同一回事。他人的
表相只是問題之「表」，我們的反應才是問題之「裡」，所
以，讀書會的互動提供了最好的寬恕機會。

> 改變你的弟兄不是你的責任，你只宜接受他的
> 本來真相……你弟兄的錯誤並不是他的，正如
> 你的錯誤也非你的。若把他的錯誤當真，你就
> 已攻擊了自己。……你內在的聖靈會寬恕你及
> 弟兄內的一切。他的錯誤與你的一併受到了寬
> 恕。……你若企圖去糾正弟兄，表示你相信自
> 己能夠糾正別人，這完全出自小我的傲慢心態
> 。修正是上主的事。（T-9.III.6:4,7:1~9）

這種慧見能把心理學中的「同理心」帶入更深的層次，
讀書會友們若常在問題的表面去同情或「同理」，只會削弱
彼此的力量；他們應設法在實相層面相通，為那永恆圓滿之
境作證，奇蹟只有在那層面上才可能發生，而它的感通力是
無遠弗屆的。

我們曾為「奇蹟讀書會」提出一些建議。你不妨在分享
討論之前，與大家誦念一遍，我敢保證，不到一刻鐘，大家
的老毛病就犯了，那又何妨？不過再次給我們一個寬恕的機
會而已。

讀書會學員應培養的素養：

## 培養安全的分享氣氛

❖ 以不批判的心態聆聽分享，相互支持。

❖ 真誠地表達自己內在的感受，透過我們相通的情緒，建立默契。

❖ 不論別人分享正面或負面的經驗，我們都要在事件背後學習看出他「表達愛」或「呼求愛」的真正動機。

## 尊重個人所需的時間與過程

❖ 支持對方找出他自己的答案，而非一味給予建議或設法改善別人。

❖ 在彼此的支持下，學習信賴自己內心的指引。

## 抓緊讀書會的真正目標

❖ 讀書會的目標是為了治癒自己，而非治癒他人。我們相信，自我治癒的過程必然有助於他人的治癒。

❖ 尊重別人所需的過程，容許別人一時找不到答覆，只需繼續給予對方關切與愛的支持。

❖ 在每一個互動中，放下自己的擔心及批判，學習寬恕，為團體帶來心靈的平安。

附　錄

「那聲音」究竟是怎麼一回事？

# 附錄一

## 大衛‧漢蒙私下訪談海倫‧舒曼的錄音內容

✻

前言：海倫生前極少公開談論她筆錄《奇蹟課程》的角色，幾乎找不到任何有聲紀錄。即使海倫生前可能應允過這類訪談錄音，也都約法三章，這錄音只供當事人自用，絕對不得出版或對外流通。在《奇蹟課程》的圈子裡，海倫恪守她隱身幕後的立場，為堅持這一立場，她盡量避免在任何有關《奇蹟課程》的公開場合露面。

然而，海倫生前的朋友 James Bolen 最近在他的雜誌社 New Reality 資料庫裡，竟然發現了一卷私下訪談海倫的錄音帶。由於海倫的約法三章只限於她在世的期間，這份資料得以首次在奇蹟團體中公開。

這錄音是1976年8月 New Reality 前任雜誌社長大衛‧漢蒙（David Hammond）在加州 Belvedere 訪問海倫的記錄，談論海倫筆錄《奇蹟課程》時所經驗到的那個「內在聲音」以及她矢志完成筆錄的承諾。

這卷錄音帶的音質很差，背景雜音很多，經過科技特殊處理，多處仍然含混不清，本文中以 " …… " 表示之。

**大衛**：你在筆錄《奇蹟課程》時所聽到的「聲音」，是來自於外還是來自心裡？

**海倫**：我無法把它稱之為一般的「聽見」，它不是真的……，實在很奇怪，很難解釋得清。有人問我，你的手是否自動地書寫？不是的，我是全然自主的，根據……，我稱它為「

聲音」，然而，聲音總有音響，或是你至少會聽見什麼，可
是我什麼也聽不見，那種聽見實在很難形容，它跟耳朵的聽
覺一點關係也沒有，也沒有音波震動耳鼓這類現象，我真的
不知道。

我想，我用「聽」字可能是錯誤的，我只是好像「認出
」了它，它來得非常快，我沒法……如果我漏了一句，我會
大概這樣表示：「請你再來一次如何？」

**大衛**：這一切都發生在你的心念（mind）裡？

**海倫**：純粹心智上的，否則，我一定會認為自己患了「幻聽
症」。但我不覺得是那樣的。

**大衛**：是否像我們聽自己說話或自言自語？

**海倫**：但那不是我的聲音，絕不可能的，因為它講的是我全
然陌生的知識領域。

**大衛**：可不可能像一種「默讀」（sub-vocalizing）？當你默
讀時，你仍然可能聽到默唸的字。

**海倫**：絕不是默讀！我真的沒法解釋那一現象，我從來沒有
過這種經驗，我對那一領域一無所知，我既然不知道那某個
字句是什麼，我怎麼可能說出那些字句？

**大衛**：即使你聽不到一點聲音，你仍能在心裡聽到那些字？

**海倫**：我知道那是一個字……，也許說「知道」比「聽到」更恰當。在我的意識中，我開始寫下一句時，並不知道這句話會如何結尾。從一般語言來說，這讓我陷於一種智障狀態，因為，當你開始講一句話時，你通常大致知道整句要說什麼，你對它有一種「全面性」的覺知。我卻沒有。

它出現的很輕鬆，快速，順溜得很，可說不費吹灰之力，那常讓我很生氣（但這是題外話）。我猜，「聽見」不是正確的說法，我可以隨時停止，又隨時開始，我可以在計程車裡，地鐵裡或任何地方筆錄，甚至在一個電話接著一個電話的空檔裡。你提的問題，我真的沒法答覆……我真的很努力想解釋清楚。

**大衛**：不論如何，確實有個東西在運作，因為你聽見了什麼，然後轉譯為速記……

**海倫**：對。只是我很習慣速記了，在團體治療的場合中常常用到，所以，速記，我已駕輕就熟了。純粹為了速度，一般的書寫方式跟不上那個聲音……

**大衛**：哦，你無法……

**海倫**：跟不上，它非常快，我不能不速記。

**大衛**：會不會是自動書寫呢？好像手不由自主地跟著筆跑？那個人是身不由己的，這像不像你所形容的那個經驗？

**海倫**：不是的，根本不是那樣。我隨時都能停下來，我也常常如此，因為我常受到干擾，不能不停筆……我也不曾失去知覺，忘了身在何處或是自己在幹嘛。我的實習生隨時會為了治療活動而闖進來。比爾（威廉·賽佛）常說我是天生的「人格解離」（dissociation），我從不把這話當作一種恭維。

但也有可能，從某一方面來講，必是這樣的。因為我到現在都還沒搞清楚它，我仍不了解它，常感困惑，而且，我至今對這資料還感到不安得很。

可是，我現在已經慢慢習慣了，我也逐漸習慣了「我是該做這事」的感覺。有一件事我很清楚，這真奇怪，我一向都是我行我素的，喜歡自己作主，不知何故，我心裡從來沒有不做此事的念頭。

我認為這是我該做的事，我也設法讓它的存在不必跟我扯在一起，我不願意過度干預，我覺得這樣做才算誠實，有品格吧！我真的沒有插手太多。最讓我不舒服的是，它說的種種，推翻了我信仰的一切，這對我真的很不容易，但我感到它的話比較重要。我知道自己相信什麼，但我不知道它下一步會把我帶到哪裡去。

我最欣賞它的條理井然，前後一貫，這一點對我來講是絕不可少的。

它唸起來也很動聽，我曾試過寫些詩句，嘔心瀝血，唸

起來還沒它一半動聽，而這資料竟然出來得這麼快！它的思想體系，我一無所知，我被它搞得七葷八素的！

**大衛：你曾經試著修改它，對吧？**

**海倫：**沒錯，我會感到有點不對勁，但我不會忘記原來的字句，我只會為此感到一些不安而已。但我畢竟做了那麼多年的編輯工作，我想，把它順一順，也不會怎樣，所以就改了。到後來，這些字句再度出現，還提到前文，而且沿用以前的字句，於是前後就無法一致了。

我很快就學到了教訓，「別再重蹈覆轍了，因為你會損害內文的一致性」，我就這樣停止了修訂。我很快發現以前的改法犯了大錯，我們只好回頭，把前面的字句改回來。

**大衛：你可記得是哪些字？還是你得回頭去問「它」？**

**海倫：**我通常這樣告訴比爾，「那該是在……」，不論什麼字，有時候（大概不會超過兩三次）我不清楚，但我仍然意識到裡面出錯了，我對錯誤的感覺遠大於正確的字。然後我腦海裡會有一塊黑板，看到原本該寫在那兒的字。我會問：「能讓我在黑板上看到那字嗎？」

**大衛：你先問，然後才會看到那字？**

**海倫：**喔，我忘了說，只有在我不確定的時候才會那樣問的。

**大衛：你那時會不會有一種好像「知道」的感覺？**

**海倫**：沒有。不然，那就等於是「唸」它了，我是在黑板上看到一個一個字的。

**大衛**：那經驗在你心裡，是非常視覺性的？

**海倫**：非常視覺性的。一般情況不是如此，只有當我迷失於文字叢中，不知是那個字時，才會出現這種模式。

**大衛**：你不想聽或不想做時，可以隨時關閉它嗎？

**海倫**：當然！

**大衛**：換句話說，你可以全權作主。

**海倫**：很大的自主權。只是我不做的話，會有好像被人輕輕推一下的感覺。可以這樣說，我該做而沒有做時，有時我會難以入眠，變得焦躁。有次，我三個禮拜不去碰它，總覺得它有點兒陰魂不散似的，最後我自己受不了。那三個禮拜，我過得很糟很糟。

我當初並不知道它何時才會完成，也不知道自己何時才該停筆。《課程》先出來，我是指〈正文〉（我們最早稱「正文」為「課程」），〈正文〉才是正確的字。它完成得最早；完成後，我想，大約停工了三個月左右。

**大衛**：那時，你有沒有很想繼續寫的衝動？

**海倫**：……好多的課程資料再度開始湧進，我對比爾，也對

Jonathan（海倫的丈夫）說過，我有個可怕的預感……有個「練習手冊」會跟著來，但這也可能只是……你知道，我以為這一次我能溜得掉。我毫不懷疑，而且愈來愈清楚，就是這樣。我知道會有一個「教師指南」，因為那是顯而易見的，教授總需要教學材料吧。而且，我也感覺到，它會以這種方式組合而成，果然不出所料！

**大衛**：你覺得，現在，一切已經結束了嗎？

**海倫**：我認為結束了，結束了。只有一件事，我還可能做的，然而我並不想做。因為……我深深感到，我當初的承諾包括了與任何通靈劃清界限，我有很深的感覺。我想我告訴過你那個故事，我對那一行字最初的承諾，可是，我若不……那都在我的自傳裡。你會看到，喔，我想，這一點也不假……我真的認為，在特殊狀況下，只要我願意，我可以做這事，只要對別人真有幫助。我想我也許能夠幫人解答一些問題。但我想，我若真想這樣做的話……也不是什麼大了不起的事，因為我不認為那是非常重要的。可是如果有人有麻煩，需要幫忙，我會試著去做。可是我還沒碰到這種情形。

**大衛**：所以你還繼續聽到那聲音？

**海倫**：喔！不是的，我能針對某事請求指引，特別是我們三人（海倫、比爾與肯恩）在一起的時候。我們提問，也會得到答覆……通常，會得到同樣的答覆，若非如此，我們會感

到有人分心了，我們會再試一次。我們通常都會得到答覆的。

根據這《課程》的說法，我們應該，每個人都能，不論問什麼事情，都會得到答覆的。有時，連我都很驚訝。我覺得，我們常犯的一個錯誤，自己推測這不夠重要，或是這……。在問的過程裡，自行把某類事情剔除於外。我敢說這是錯誤的，因為我們不該自行評斷。我認為你可以問任何事情。我真的很懷疑，發生在我身上的事，不可能發生在任何人身上（只要他真的願意，我是說，如果他覺得這是他要走的路的話）。我無法想像……事實上，我很確定，絕不會那樣的，《奇蹟課程》對此交代得很清楚了。

**大衛：***所以，你有時還會聽到……*

**海倫：**只要我問，就會聽到。

**大衛：***換句話說，此刻真正的關鍵在於「問」？*

**海倫：**嗯……目前，問題都比較偏向個人問題，該怎麼做……。例如，我們不知道該不該來這兒，我們就問它。我們也曾動念該來加州，但我們並不真正想來。何況我們也感到，Judy在這特殊的時刻出現，我們深深感覺，她是這事件不可缺少的一環。但我們還是問了，因為我們對此事非常謹慎。我在許多方面都是漫不經心的，我什麼東西都可能丟掉，但我從來沒丟過與《課程》相關的東西。常有人在地鐵裡叫我：「小姐，你忘了你的東西。」而交還給我；計程車司機會按

喇叭叫說：「你有東西忘在後座了。」我的秘書也常說：「你確定這一頁是屬於這個個案報告的？讀起來，不太像嘛！」

但是，我就是沒辦法遺失這個《課程》。我曾經試過，它總是很奇怪地又跑回我的身邊了，總有人會把它送還給我，不論是什麼，都會被找回來。我們從未失去它的任何一篇東西，實在不可思議。

你若認識我，就知道我真的常掉東西。有次在我們工作同仁的聚會上，玩一個遊戲，就是你得由某一句話猜出那是哪一個同事。一個人唸道：「天哪，那東西在哪兒？」在座所有的人都猜是「海倫·舒曼」，他們立刻認出我來。

我現在好一點了，我想，我將……

**大衛**：……你不愧為一位「迷糊教授」？

**海倫**：不是，我現在只是迷糊而已。

（海倫在此訪問之前已經由醫學中心的教職退休了）

# 附錄二

## 坎恩‧韋伯訪問威廉‧賽佛的節錄

※

（下列對話節錄自威廉‧賽佛（比爾）與坎恩‧韋伯（Ken Wilber）的對話，坎恩是「超個人心理學」家，著作等身，《事事本無礙》與《恩寵與勇氣》等書均已譯為繁體中文）

**坎恩：**何不談談「那聲音」的來源？

**比爾：**我真的不敢確定它的來源，我敢說，連海倫都不清楚，她開始時一向稱它為「那聲音」（Voice），但她曾透露，她感覺「那聲音」是耶穌，有趣的是她根本不相信耶穌這個人。

**坎恩：**她為什麼感到那是耶穌？是不是根據資料的性質？

**比爾：**是。我想，她真的是在某種層面上覺得自己所聽到的聲音是耶穌。這使她感到十分尷尬，因為她根本不相信耶穌，這造成她內心很大的衝突。當我對外無法迴避這類質問時，我通常會說，這是來自海倫的更高自我（the higher Self），我不想清楚指稱它，因為只要我一講明，難免會被扯入教會的爭議，或掉入人們對耶穌所懷的正面或負面的心結或情緒中。

**坎恩：**如果說是來自一種更高的自我，為什麼海倫又會將它認同為某一特定人物呢？

**比爾**：開始時，此書確有釐清基督信仰的企圖，而耶穌正是基督信仰的中心人物，故這種認定與本書內容確有相應之處。有人說，當今正值靈性大躍進的階段，世界開始墮落，危機四伏，許多人被召喚來此，做出不尋常的事業。這也許是海倫曾幾何時同意完成的任務，至於為何選中海倫，我們從未得到明確答覆。事實上，海倫不斷為此抗議，老是質詢「那聲音」：「為什麼找到我頭上來？」「為什麼不把這事託給宗教人士？或任何比較懂這類事情的人？」她所得到的答覆只是「因為你會去做」，我想正因這個願意，才會受此託付。

　　我並不了解這一託付，我真希望知道這是怎麼一回事，但我真的不清楚，我只有一種感覺，海倫和我在進入此世以前可能做過某些許諾。這只是我的看法，沒有任何具體證據，純粹只是一種感覺而已。我們來此世的目的好似就是為了完成這一任務，而且這一任務是早已預定好了的。

**坎恩**：你如何將海倫個人的想法與這給全世界的教誨分開？

**比爾**：這個問題也很難回答，根據我的印象，開始筆錄時，也就是〈正文〉的前幾章，在某幾處，海倫好似在思索合適的字眼；有幾次重讀時，她感到自己前次沒有搞對，因而做了些許變動。當我幫她打字時，也做了極少的改動，因為那時我們並不認為自己在打一份重要的神秘文件，有什麼，就打什麼，包括了我們當時提出的私人問題，這些私人資料後來都刪掉了。

開始的時候，海倫一方面對此資料感到陌生，一方面卻有似曾相識之感，到了後來，筆錄就變得十分得心應手，這與我們寫學術報告或其他工作是完全不同的經驗……。

海倫能夠不加修飾地筆錄這份資料，是極其難能可貴的事，你若了解海倫的習性，如果有一本電話簿攤在她面前，她會情不自禁地去編纂這電話簿，要她不改動這些資料，對她而言，可是一個了不起的成就。

她有時會叫我回到前面的章句，因為她曾妄自改動了某個字眼，她很清楚自己在何時改動了某個字眼。有時她要我放兩個字在那兒，以供未來選擇。我必須說，她在這事上表現的心態相當成熟專業，她很努力地抗拒表達自我的衝動。我無法告訴你哪些話可能是海倫的，哪些話不是。海倫對莎士比亞及詩詞的興趣反映在《奇蹟課程》裡，她有次對我說，她不管這課程究竟在說些什麼，她只管風格及文法正確與否，內容的事她叫我去操心。

坎恩，我很好奇你為什麼會提這一問題？為什麼你覺得此書裡面有海倫的影子？

**坎恩：**我也不知道。我覺得這絲毫不會減輕此書的份量。我對《奇蹟課程》感受最深的，它有意識地為永恆真理講出一套形上理論。真理本身一向是超乎時空而且是永恆的，無法把捉，但它始終存在。你若以為自己已達到真理之境，那就

不再是永恆真理了，因為它已經進入了時空，因此我們所能做的只是盡量清除意識中的雜物，直到只剩下始終存在的那個東西。

目前幾個大宗教通常不太提這類神秘的形上前提，你最多能在禪宗，大手印或吠陀經中找到。在基督信仰裡，這類思想幾乎隱而不現，而《奇蹟課程》卻打開天窗說亮話似地全盤托出，一頁接一頁地重複這一前提，我覺得實在不可思議。因為我不認為海倫自己能從任何地方抄襲來這些內容。

**比爾**：海倫年輕時，好像接觸過這類思想……我曾故意去挑書中自相矛盾之處，因為我認為這麼一大堆資訊，是不可能前後一致的，何況我很認識海倫，她是個常常自相矛盾的人，我簡直無法相信書中的觀念竟然如此一貫。

她只是輕描淡寫地說，她當時只是接收到什麼，就寫什麼而已，她聽到的是一個字跟著一個字的出現，但那絕對不是所謂的「自動書寫」。一個句子開始的方式，簡直難以收尾，而它卻結束得漂漂亮亮的，簡直不可思議。我真的不懂。

你在閱讀或寫文章時，一定會有些特殊的靈感，在你寫出來以前，你已經有了構思，你能否描述一下這種過程？

**坎恩**：內在先有個聲音浮現，但那是我自己的聲音。我寫東西時，好似是在腦子裡先打了稿子，有點兒像在心中寫作，我記得自己寫的東西，才有把握進去以後，還出得來。你腦

子裡必須先有腹稿，一直到結尾，有點兒像是你甚至可以回頭從後面往前寫似的。但我沒有「通靈」的感覺，不過我確實感到我好像站在自己的外面；當你在極度專注狀態時，你就消失了，只有很大的能量通過你而已。所以，創新的工作都有這類經驗，但那絕不是海倫那種「內在聲音」。

**比爾**：我始終很驚訝海倫能在任何時間、任何地點做這一件事。不論我們在搭地鐵，或是乘計程車，或在家中，或剛結束一個研究討論會，或是中途去接一個電話，甚至當我們談論一個相當學術性或技術性的主題之後，她能立刻回到剛才所寫到的地方，根本不必重溫前面所寫的，就繼續下去。她可以隨時中斷，隨時提筆繼續下去，卻從來沒有搞混過，好像這些資料都是預先錄好，她不用大腦也能寫出。除了她內心偶有掙扎，不知究竟要不要做這種事。此外的事似乎從來影響不了她似地，只要她願意，就肯定會得心應手。

**坎恩**：你對其他的「通靈著作」有何看法？

**比爾**：我們常聽到各式各樣的人自稱為「通靈」，我辦公桌上幾乎每一天都會收到一些通靈資料，我認為這些人很可能陷入「自我欺騙」之中，我常為這類事情困擾不已。當我在整理《奇蹟課程》時，也一樣困擾，多少總會懷疑自己會不會陷於「自欺」，我真的不確定這究竟是怎麼一回事。

不論你遇到什麼人，應記得這一神聖的會晤。

你如何看他，你就會如何看自己。

你如何待他，你就會如何待自己。

在他身上，你不是找到自己，就是失去自己。

# 奇蹟資訊中心
# 出版系列：

## 《奇蹟課程》
（A Course in Miracles）──新譯本

　　《奇蹟課程》是二十一世紀的心靈學寶典，更是近年來各種心理工作坊或勵志學派的靈感泉源。中文版已在 1999 年由若水譯出，並由作者海倫‧舒曼博士所委託的「心靈平安基金會」出版。

　　新譯本乃是根據「心靈平安基金會」2007年所出版的「全集」，也是原譯者若水在「教」「學」本課程十年之後再次出發的精心譯作。全書分為三冊：第一冊：〈正文〉；第二冊：〈學員練習手冊〉；第三冊：〈教師指南〉、〈詞彙解析〉以及〈補編〉的「心理治療」與「頌禱」二文。新譯本網羅了《奇蹟課程》所有的正式文獻，使奇蹟讀者從此再無滄海遺珠之憾。（全書三冊長達 1385 頁）

## 《奇蹟課程》
〈學員練習手冊〉新譯本隨身卡

　　《奇蹟課程》第二冊〈學員練習手冊〉共三百六十五課，一日一課地，在力求具體的操練中，轉變讀者看事情的眼光，解開鬱積的心結。

　　若水由十餘年的奇蹟課程教學審審經驗出發，全面重譯這部曠世經典。新譯版一本經典原文的精確度，語意更為清晰，文句更加流暢。精煉再三的新譯文，吟誦之，琅琅上口，饒富深意，猶如親聆 J 兄溫柔明晰的論述，每天化解一個心結，同享奇蹟。

　　為方便現代人在忙碌生活中操練每日一課，經三修三校的重譯版，首度以隨身卡形式發行，以頂級銅西卡精印，紙版尺寸 8.5 × 12.6 公分，另有壓克力卡片座供選購。（全套卡片共 250 張）

## 奇蹟課程導讀與教學系列

　　《奇蹟課程》雖是一部自修性的課程，只因它的理論架構博大精深，讀者常易斷章取義而錯失精髓，故奇蹟資訊中心陸續推出若水的導讀系列、米勒導讀，以及一階理論基礎及二階自我療癒DVD、其他演講錄音或錄影教材，幫助讀者逐漸深入這部自成一家之言的思想體系。

### 若水導讀系列

（一）《創造奇蹟的課程》（全書 272 頁）
（二）《生命的另類對話》（全書 272 頁）
（三）《從佛陀到耶穌》（全書 224 頁）

　　若水在這三冊中，解說《奇蹟課程》的來龍去脈與理論架構，透過問答的形式，說明崇高的寬恕理念如何落實於生活中；最後透過《奇蹟課程》的理念，闡釋佛陀和耶穌這兩位東西方信仰系統的象徵，在實相裡並無境界之別，而只有人心的「小我分裂」與「大我一體」的天壤之隔。

### 米勒導讀
#### 《奇蹟半生緣》

　　一位慧心獨具卻不得志的記者，三十多歲便受盡「慢性疲勞症候群」的折磨，群醫束手無策，他在走投無路之下，不禁自問：「究竟是誰把我這一生搞得這麼慘？」

　　《奇蹟課程》讓他看到，自己竟是一切問題的始作俑者。他對這一答覆百般抗拒，直到有位心理治療師對他說：「恭喜你！你若讀得下這本書，大概就不需要心理治療了！」

　　《奇蹟半生緣》全書穿插作者派屈克‧米勒浮沉人生苦海的經歷，但他並不因此獨尊自身的經驗和詮釋，而以記者客觀實証的精神，遍訪散居全美各地的奇蹟講師與學員，甚至傾聽圈外人的質疑。本書可說是一部美國奇蹟團體的成長紀實。（全書 319 頁）

### 奇蹟課程有聲教學教材

　　奇蹟資訊中心歷年發行《奇蹟課程》譯者若水的演講錄音或錄影光碟，將《奇蹟課

程》的抽象理念與現實生活銜接起來，幫助讀者了解《奇蹟課程》的精髓所在，是奇蹟學員不可或缺的有聲輔讀教材，由於教材內容每年不盡相同，欲知詳情，請上網查詢。www.acimtaiwan.info 奇蹟課程中文網站
www.qikc.org 奇蹟課程中文部簡体網

## 肯恩實修系列

### 《奇蹟原則50》

許多讀者久仰《奇蹟課程》之盛名，興沖沖地讀完短短的導言後，就怔忡在一條一條有如天書的「奇蹟原則」之前。讀了後句忘前句，「奇蹟」的概念好似漂浮在字裡行間，始終無法在腦海中落腳，以至於閱讀了一兩頁之後便後繼無力，難以終篇，竟至棄書而逃。

「奇蹟原則」前後五十條，其實是整部課程的濃縮，若無明師指點，讀者通常都不得其門而入。於今多虧奇蹟泰斗肯尼斯旁徵博引，以深入淺出而又幽默的答問形式，將寬恕與奇蹟的精神落實於生活中，為初學者乃至資深學員提供了一個實修的指標。（全書209頁）

### 《終結對愛的抗拒》

追尋心靈成長的人，學到某個階段往往面臨一個瓶頸：儘管練習多年，一遇到某種挑戰，就不自覺地掉回原地，因而自責不已。問題到底出在哪裡？

佛洛依德在他的臨床經驗中，驚異地發現，病人的潛意識中有「拒絕療癒」的本能，肯尼斯根據《奇蹟課程》的觀點，犀利地剖析人們「拒絕療癒或轉變」的原因，又仁慈地為讀者指出穿越小我迷霧的關鍵，由停滯不前的窘境中突圍。對於追尋心靈成長和平安的人而言，本書不但有提點指授的功效，更有當頭棒喝的力道。（全書109頁）

### 《親子關係》

坊間論及親子問題的書籍可謂汗牛充棟，泰半繞在親子關係複雜且微妙的糾結情懷，唯獨肯尼斯‧霍布尼克不受表象所惑，借用《奇蹟課程》的透視鏡，澈照出親子之間愛恨交織的真正關鍵。

本書表面上好似在答覆「如何教養子女」、「如何對待成年子女」以及「如何照顧年邁雙親」等具體問題，它其實是為每一個人點出我們在由「身為兒女」，到「照顧兒女」，繼而「照顧雙親」的艱苦過程，以及我們轉變知見時必然經歷的脫胎換骨之痛。（全書238頁）

### 《性‧金錢‧暴食症》

在紛紜萬象的世界裡，性、金錢與食物可說是人生問題的「重頭戲」，最易牽動小我的防衛機制，故也最具爭議性。作者肯恩沿用《奇蹟課程》中「形式與內涵」的層次觀念，針對性、金錢等等所引發的光怪陸離現象（形式），揭露它們背後一貫的目的（內涵）—— 小我企圖藉無止盡的生理需求，抹滅心靈的存在，加深孤立、匱乏、分裂等受害感，最後連吃飯、賺錢與性交都可能變成一種攻擊的武器。

肯恩與學員的趣味問答，反映出我們日常是如何受制於這些生理需求的；然而，我們也能藉聖靈之助，將現實挑戰化為人生教室，將小我怨天尤人的陰謀，轉為寬恕與結合的工具。（全書196頁）

### 《仁慈——療癒的力量》

這是一部針對奇蹟教師及資深奇蹟學員的實修指南。全書分上下兩篇，上篇列舉奇蹟學員常有的現象，例如以奇蹟之名攻擊他人，或以善意為由掩蓋自己批判的心態；下篇探討如何用仁慈的眼光來看待自己與他人的缺陷，教我們將自身的限制或缺陷轉為此生的「特殊任務」，在人間活出寬恕的見證，成為聖靈推恩的管道。（全書251頁）

### 《逃避真愛》

本書是針對道理全懂卻難以突破的資深學員而寫的，它一針見血地指出，綑綁我們修行腳步的，不是世界的黑暗，也非人間的牽絆，而是自己打造出來的一道心牆。

只因我們深怕真愛會消融了自己的特殊性，故把心靈最深的渴望隱藏到心牆之後，與之「解離」，在人間展開一場虛虛實實又自相矛盾的追尋。一邊痛恨小我的束縛，一邊又忙著為小我說項；以至於內心有一部分奮力向前，另一部分則寧可原地觀望。藉著裝傻、扭曲、辯駁，把回歸真愛的單純選擇

渲染成複雜又艱深的學問。

《逃避真愛》溫柔地解除了人心無需有的恐懼，讓我們明白心牆的「不必要」，陪伴我們無咎無懼地跨越過去。（全書156頁）

### 《假如二二得五》

從古至今，多少人心懷救苦救難的大志，傾注一生之力貫徹自身理想，卻往往受現實所困而終不能及。我們這些凡夫俗子，亦不乏拼搏自救之心，然而在現實面前，還是屢屢敗陣，活得憋屈而無奈。問題究竟出在哪裡？

對此，本書剴切提出：整個世界其實一直按照 $2+2=4$ 的「鐵律」來運作，萬物循著固定的軌跡盈虧盛衰，一切可謂「命中註定」，無怪乎歷史上的種種救世之舉皆以失敗告終。然而，《奇蹟課程》識破世界的詭計，小我既然使出 $2+2=4$ 的苦肉計，它便祭出 $2+2=5$ 的救贖原則，破解小我編織的羅網，溫柔地引領我們走出世界的幻境。本書即是教導我們，如何在貌似 $2+2=4$ 的世界活出 $2+2=5$ 的生命氣象，而且更進一步，迎向天地間唯一真實的等式 $1+1=1$。（全書171頁）

## 肯恩《奇蹟課程釋義》系列

### 《奇蹟課程序言行旅》

如果說《奇蹟課程》是一首曠世交響曲，《序言》便奠定了整首樂曲的氣質與基調，不僅鋪敘出奇蹟交響樂的關鍵理念，還將讀者提昇到奇蹟形上思想的高度和意境，堪稱《正文行旅》最佳的暖身之作。

肯恩有如一流的樂評家，領著讀者，在宏觀處，領受樂章磅礡的主旋律，在微觀處，諦聽暗藏其中的千百種變奏，致其廣大，盡其精微，深入課程之堂奧，回歸心靈之家園。（全書121頁）

### 《正文行旅》（陸續出版中）

《奇蹟課程》在人類靈性進化史上的貢獻可謂史無前例，而《正文行旅》乃是《奇蹟課程釋義》三部曲的完結篇。肯恩由文學，詩體，音樂三重角度，依循各章節的主題，提供了「重點式」以及「全面性」的導

覽，幫助學員深入奇蹟三昧，沉浸於智慧與慈悲之海。

這部行旅可說是肯恩一生教學的智慧結晶，奇蹟學員浸潤日久，必會如他所願：奇蹟，發自心靈，必將流向心靈。（第一冊335頁）

### 《學員練習手冊行旅》（陸續出版中）

整套《奇蹟課程釋義》的問世，可說是無心插柳。1998年起，肯恩應學生之請，為〈學員練習手冊〉做了一系列的講解，基金會將研習錄音增編彙整為逐句詮釋的〈練習手冊行旅〉。此案既定，〈正文行旅〉以及〈教師指南行旅〉應運而生，為奇蹟學員提供了最完整且精闢的修行指針，訂名為《奇蹟課程釋義》，幫助學員將〈正文〉理念架構所引伸出來的教誨，運用到現實生活中。這三部《行旅》，可說是所有踏上奇蹟旅程的學員最貼心的夥伴。

《學員練習手冊行旅》的宗旨，乃是幫助奇蹟學員了解三百六十五課的深意，以及它們在整部課程中的作用。更重要的是，幫助學員將每日一課運用於現實生活中，否則《奇蹟課程》那些震古鑠今之言可謂枉費唇舌，徒然淪為一套了無生命的學說。（第一冊346頁）（第二冊292頁）（第三冊234頁）

## 其他出版品

### 《寬恕十二招》

《寬恕十二招》的作者保羅·費里尼，有鑒於人們的想法與情緒反應模式，早已定型僵化，成了一種「癮」，不是一朝一夕可以化解得掉的。因此，他將《奇蹟課程》的寬恕理念，分解為十二步驟，一步一步地引導我們超越自卑、自責以及過去的創痛，透過自我寬恕而領受天地的大愛。這是所有準備好負起自我治癒之責的人必讀的靈修教材，也是曠世靈修經典《奇蹟課程》的輔讀書籍。（全書110頁）

### 《無條件的愛》

作者保羅·費里尼繼《寬恕十二招》之後，另以老莊的散文筆法，細細描述我們每一個人心中都擁有的「無條件的愛」。他由大我的心境出發，以第一人稱的對話方式，

直接與讀者進行心與心的交流,喚醒我們心中沉睡已久的愛,開啟那已被遺忘的智慧。此書充滿了「醒人」的能量,是陪伴你走過人生挑戰的最好伙伴。(全書 215 頁)

## 《告別娑婆》

宇宙從哪兒來的?目的何在?我究竟是什麼?為什麼會在這裡?我要往哪裡去?我該怎麼活在這個世界裡?當你讀完本書,會有一種「千年暗室,一燈即亮」的領悟。

全書以睿智而風趣的對話談當今世局、原子彈爆炸,一直說到真愛、疾病、電視新聞、性問題與股價指數等等,讓我們對複雜詭異的人生百態,頓時生出「原來如此」的會心一笑。它說的雖全是真理,讀起來卻像讀小說一樣精彩有趣,難怪一問世便成了西方出版界的新寵。(全書 527 頁)

## 《一念之轉》

作者拜倫‧凱蒂曾受卜餘年的憂鬱症所苦,一天早上,她突然覺悟了痛苦是如何形成又如何結束的。由此經驗中,她發明了四句問話的「轉念作業」(The Work),引導你由作繭自縛中徹底脫身,是一本足以扭轉你人生的好書。(全書 448 頁,附贈轉念作業個案 VCD)

## 《斷輪迴》 阿頓與白莎回來了!

繼《告別娑婆》走紅之後,葛瑞的生活形態發生重大的轉變,也面臨了更多的挑戰。葛瑞仍是口無遮攔地談八卦、論是非、臧否名流,阿頓和白莎兩位上師在笑談棒喝中,繼續指點葛瑞如何在現實挑戰下發揮真寬恕的化解(undo)功能,徹底瓦解我執,切斷輪迴之根。(全書 304 頁)

## 《人生畢業禮》

本書是保羅與 Raj 在 1991 年的對話記錄。對話日期雖有先後,內涵卻處處玄機,不論由哪一篇起讀,都會將你導入人類意識覺醒的洪流。

Raj 借用保羅的處境,提醒所有在人間孤軍奮鬥的人,唯有放下自己打造的防衛措施,才可能在自己的心靈內找到那位愛的導師。也唯有從這個核心出發,我們才會與所有弟兄相通,悟出我們其實是一個生命。
(全書 288 頁)

## 《療癒之鄉》

《療癒之鄉》中文版由美國「獅子心基金會」委託台灣「奇蹟資訊中心」出版。

作者羅實‧葛薩姜把《奇蹟課程》深奧又慈悲的教誨化為一套具體的情緒啟蒙和心靈復健課程,協助犯罪和毒癮的獄友破除心理障礙,學習處理人與人之間的衝突,調整情緒,建立自信,切斷「憤怒→攻擊→憤怒」的惡性循環。《療癒之鄉》陪伴無數受刑人度過獄中歲月。

《療癒之鄉》也是為所有困在自己心牢裡的讀者而寫的。世間幾乎沒有一人不曾經歷童年的創傷、外境的壓迫,以及為了生存而形成種種不健康的自衛模式。獄友的心路歷程給予我們極大的啟發,鼓舞我們步上心靈療癒之路。(全書 440 頁)

## 《我要活下去》

這本書不只是一本鼓舞信心的療癒指南,還是一個女人把自己從鬼門關前拉回來的真實故事。

作者朱蒂‧艾倫博士(Judy Edwards Allen, Ph.D.)原本是成功的專業顧問、大學教授、大學教科書作者,四十歲那年獲知罹患乳癌的「噩耗」,反而成為她生命的轉捩點,以清晰、熱情的文筆,記錄了她奮力將原始的求生意念成功地轉化為「康復五部曲」的歷程。讀者會看到她如何軟硬兼施地與醫生打交道,如何背水一戰克服無助感,又如何透過寬恕,喚醒內心沉睡已久的愛與生命力。最後,她終於超越自己對生死的執著,在這一場疾病與療癒的拔河大賽中,獲得了靈性的凱旋。(全書 280 頁)

## 《時間大幻劇》

人們對於時間,存在著種種截然不同的看法,比如:時間是良藥,可以癒合一切創傷;善惡終有報,只等時候到;時間是無情的殺手,終將剝奪我們的一切……。人類早已視時間的存在為天經地義,戰戰兢兢地活在過去的懊悔、現在的焦慮和對未來的恐懼中。我們好似活在一座無形的牢籠裡,苟延殘喘,等待大限的到來。

《奇蹟課程》的泰斗肯恩博士曾說:「不了解時間,不可能讀懂《奇蹟課程》的。」他引經據典,將散落全書有關時間的

解說，梳理出一個完整的思想座標，猶如點睛之龍，又如劃破文字叢林的一道靈光，讓我們一窺《奇蹟課程》的究竟堂奧（究竟義）。此書可說是肯恩留給奇蹟資深學員最珍貴的禮物。（**全書413頁**）

## 《奇蹟課程誕生》

《奇蹟課程》的來歷究竟有何玄虛？為什麼它選擇經由海倫・舒曼博士來到人間？它的記錄方式及成書過程，與它傳給人類的訊息有何內在關係？有幸親炙此書的我們，又該如何延續奇蹟精神的傳承？

不論你只是好奇《奇蹟課程》的精采傳奇，還是有心以「史」為鑒，窮究奇蹟的傳承精神，本書都提供了最可靠的第一手資料。作者因與茱麗、海倫與比爾等人交往密切，故受這些開山元老之託，冷靜而客觀地梳理《奇蹟課程》的記錄及成書經過，佐以三位奇蹟元老的親筆自白，融鑄成一部信實可徵的《奇蹟課程》誕生史，帶領讀者重新走過五十年前那段精采神奇的心靈歷程。（**全書195頁**）

## 《飛越死亡的夢境》

本書榮獲美國出版界著名的「活在當下書籍獎」（Living Now Book Awards），全書以嶄新的視角詮釋曠世靈修經典《奇蹟課程》的教誨，為讀者剖切指出「起死回生」的著力點。

作者特別選取在人間每個角落不時作祟的「死亡陰影」入手，揭露小我抵制永恆生命的伎倆。作者以親身的經歷為奇蹟作證，並且提供了極其實用的反省練習，解除我們潛意識中對死亡的恐懼，為百害不侵的生命本質開啟了一扇門，真愛與喜悅得以流過人間，讓奇蹟成為日常生活裡「最自然的事」。（**全書524頁**）

國家圖書館出版品預行編目資料

創造奇蹟的課程／若水作 . －－初版 .
　－－臺北市：奇蹟資訊中心，奇蹟課程，民97.04
面：14.8 X 21公分 .
　－－（奇蹟課程導讀系列：1）

ISBN 978-957-30522-3-4（平裝）
1. 靈修　2. 自我肯定

192.1　　　　　　　　　97005814

**創造奇蹟的課程**　　奇蹟課程導讀系列（一）

作　　者／若　水
責任編輯／陳玉茹　李安生
校　　對／李安生　黃真真　李秀治
封　　面／番茄視覺設計
美術編輯／番茄視覺設計
出　　版／奇蹟課程有限公司・奇蹟資訊中心
　　　　　　桃園市光興里縣府路76-1號
聯絡電話／(04) 2536-4991
劃撥訂購／帳號 19362531　戶名　劉巧玲
網　　址／www.acimtaiwan.info
電子信箱／acimtaiwan@gmail.com

印　　刷／世和印製企業（02）2223-3866
出版日期／2008 年 4 月初版
　　　　　　2019 年 5 月三刷

經銷代理／聯合發行公司
　　　　　　（02）2917-8022 ＃ 162
　　　　　　（03）212-8000 ＃ 335

定　　價／新台幣 280 元

ISBN 978-957-30522-3-4